Spiel mit mir – zeig mir was

Ins Deutsche übertragen von Claudia Weiß

© 1987 ars edition · Alle Rechte vorbehalten
Bilder und Texte nach der englischen Originalausgabe »Play together, learn together«
Kingfisher Books Limited, London
Text Copyright © Melanie Rice 1985
Illustrations Copyright © Kingfisher Books Ltd 1985
Illustrationen: Chris Barker
Herausgeber der Originalausgabe: Jacqui Bailey, Deri Warren
Herausgeber der deutschen Ausgabe: Friedrich Langreuter
Design: The Pinpoint Design Company
Fotos: Rex Caves
ISBN (für die deutsche Ausgabe): 3-7607-7616-7
Printed in Italy

Die Autorin dankt ihrem Mann Chris für die unschätzbaren Ratschläge, für seine
Unterstützung und Geduld während der Arbeit an diesem Buch.
Die beteiligten Verlage danken Lehrerkollegium und Schülern der Hadrian Lower School,
Dunstable, England, für ihre wertvolle Hilfe bei der Verwirklichung einzelner Projekte für
dieses Buch.

Für erteilte Abdruckrechte danken wir folgenden Autoren und Verlagen:
S. 59: Hans-Joachim Gelberg (Hg.), »Überall und neben dir«, Beltz & Gelberg, Weinheim
S. 70 und 129 oben: Raimund Pousset, »Fingerspiele und andere Kinkerlitzchen«, Rowohlt
Verlag, Hamburg
S. 143: Laura E. Richards und A & C Black Publishers Ltd., »Speech Rhymes«, Deutsche
Übersetzung von Hans Baumann aus: Magret Rettich, »Kindergedichte«, Otto Maier Verlag,
Ravensburg
S. 147: Susanne Stöcklin-Meier, »Sprechen und Spielen«, Otto Maier Verlag, Ravensburg
Die Gedichte von Till Hasreiter wurden speziell für die deutsche Ausgabe dieses Buches
geschrieben.
Wir haben uns bemüht, die Inhaber bestehender Rechte an abgedruckten Versen und
Gedichten zu finden. Sollten wir solche Rechte dennoch verletzt haben, bitten wir um
Nachsicht und Verständnis.

Hinweis:

Hier einige weiterführende, besonders gelungene und derzeit auch greifbare Verse-
sammlungen für kleine und große Kinder:
Raimund Pousset »Fingerspiele und andere Kinkerlitzchen«, Rowohlt TB 7774
Marga Arndt und Waltraud Singer, »Das ist der Daumen Knudeldick«, Otto Maier Verlag
Clemens Brentano und Achim von Arnim »Des Knaben Wunderhorn«, Winkler Verlag
Eva Meinerts, »Links ein Ohr und rechts ein Ohr«, C. Bertelsmann Verlag
Hans Magnus Enzensberger, »Allerleirauh«, Insel TB 115
James Krüss, »So viele Tage wie das Jahr hat«, C. Bertelsmann Verlag

Melanie Rice

Spiel mit mir –
zeig mir was

ars edition

Inhalt

Mal- und Bastelideen

Material sammeln 10
Malen 12
Zauberbilder 14
Fingermalen 15
Drucken 16
Collagen 20
Papier-Collagen 22
Papiermuster 24
Modelle 25
Papierpuppen 26
Spielsachen 28
Mobiles 30
Papiermaché 31
Modelle bauen 32
Ein Spielhaus 34
Hindernisbahn 35
Ein Puppenhaus 36
Flechten und knoten 38
Weben 41
Holzarbeiten 42

Entdecken, erforschen

Im Haus 44
Kochen 45
Kochrezepte für Anfänger 46
Mehr über das Essen 49
Mein Körper 52
Mit Wasser spielen 55
Wasserspiele 56
Wiegen 57
Im Freien 58
Was man alles sammeln kann 60
Wie Pflanzen wachsen 62
Tiere beobachten 65
Tierbehausungen 66
Futterspuren 67
Vögel beobachten 68
Eine Futterstation für Vögel 69
Tiere halten 70
Bei jedem Wetter 75
Einen Wetterkalender basteln 79
Die Jahreszeiten 80
Sachen zum Anziehen 81

Was paßt zusammen?

Farben 84
Ein Farbenspiel 85
Formen 86
Größen 88
Spielerei 90
Das Bärenspiel 91
Was paßt zusammen? 92
Kuddelmuddel 94
Puzzles 96
Spielkarten basteln 97
Kartenspiele 99

Zahlen und zählen

Die Bedeutung von Zahlen 104
Zahlenspiele 107
Brettspiele 108
Würfel und Kreisel 109
Zählreime 110
Zahlen erkennen und schreiben 112
Vergleiche 114
Die Uhrzeit 115
Heute, morgen... 116

Musik und zuhören

Zuhören lernen *118*
Rhythmen *119*
Musik und Bewegung *120*
Instrumente bauen *123*
Musik hören *126*

Schauspielern

Finger- und Handpuppen *128*
Schnur- und Stabfiguren *131*
Hampelmänner und Schattenfiguren *132*
Masken basteln *134*
Sich verkleiden *135*
Rollenspiele *136*

Wortspielgeschichten

Wort-Spiele *140*
Spiel-Verse *143*
Alben *144*
Buchstaben schreiben *145*
Bilderstreifen *146*
Tiergeschichten *147*
Bildergeschichten *149*
Spielgeschichten *150*
Mit Geschichten spielen *152*

Auf Lesen und Schreiben vorbereiten

Den Anfang machen *154*
Schau genau *156*
Buchstaben *157*
Buchstabenspiele *158*
Wörter lernen *159*
Wortspiele *160*

Vorwort

Den meisten Eltern ist klar, daß *Zeit* das Wichtigste ist, was sie ihren Kindern geben können. Auch für sie selbst ist die Zeit, die sie bewußt mit ihren Kindern verbringen, etwas ganz Besonderes. Aber in aller Regel sind Eltern überlastet. Es fällt ihnen nicht leicht, sich die nötige Zeit wirklich zu nehmen. Und manchmal kommen sie sogar ein wenig in Verlegenheit, weil ihnen gerade nichts Rechtes einfällt, was sie mit ihren Kindern »machen« könnten.

Abhilfe schafft dieses Buch. »Spiel mit mir - zeig mir was« ist eine richtige Schatztruhe. Randvoll mit wirklich anregenden Ideen und praktischen Vorschlägen, klar und verständlich geschrieben, versammelt dieses Buch offenbar nur »Rezepte«, die seine Autorin gründlich ausprobiert hat. Alles Komplizierte und Aufwendige wurde weggelassen, um Enttäuschungen zu vermeiden.

»Spiel mit mir - zeig mir was« ist kein Buch, das man Seite für Seite durcharbeiten muß. Es ist ein Rezeptbuch. Man suche sich heraus, worauf man gerade »Appetit« hat. Wenn Sie also wieder einmal vor der Frage stehen: »Was machen wir heute?«, Sie halten die Antwort schon in der Hand!

Betty Root

Über dieses

Hier ist eine Sammlung von Ideen, die aus meiner Erfahrung als Mutter von zwei kleinen Kindern stammen. Damals, als die Kinder noch klein waren, wurde mir klar, wie lang die Stunden zwischen Frühstück und Bettgehzeit sein können. Andererseits kam mir oft zu Bewußtsein, wie wenig Zeit ich tatsächlich damit verbrachte, mit den Kindern zu spielen. Der Haushalt und anderes verschlangen zuviel Energie. Ich hoffe, daß andere Eltern, denen es heute so ergeht, wie mir damals, diesem Buch Ratschläge abgewinnen werden, wie sie aus der Zeit, die sie ihren Kindern widmen, das Beste machen können.

Wie man dieses Buch benützt

Ich habe versucht, nur solche Vorschläge aufzulisten, die leicht verständlich sind, die in der Regel wenig Vorbereitung erfordern, wenn sie in die Tat umgesetzt werden sollen, und die weder ausgefallene Materialien, noch eine ungewöhnliche Szenerie erfordern.

Die Spielvorschläge sind *nicht* nach Altersstufen geordnet. Jedes Kind legt ein anderes Entwicklungstempo vor. Sicher haben Sie sich auch schon darüber geärgert, wenn Sie hörten, »ein dreijähriges Kind sollte dies oder das können oder tun«.

Buch

Schließlich ist klar, daß Kinder verschieden schnell lernen, ganz gleich was. Auch durch ständiges Drängen wird man sie nicht dazu bringen, etwas zu lernen, bevor sie bereit sind. Andererseits ist es unmöglich, sie zu bremsen, wenn sie einmal in Schwung gekommen sind.

Das ist der schwierigste Moment für Sie. Helfen? Sich zurücknehmen? Ermuntern? Abwarten? Es ist nicht leicht, Kinder beim Erforschen und Entdecken zu beobachten, ohne der Versuchung zu erliegen, ihnen die eigenen Ideen aufzudrängen, um den »Lernakt« voranzutreiben. Doch Kinder können die Welt nur durch Ausprobieren wirklich kennenlernen. Die Zeit, die das erfordert, brauchen sie eben. Geben Sie sie ihnen!

Was tun?
Ihr Kind durch Lob ermuntern.
Besonders gut gelungene »Ergebnisse« seiner Bemühungen dort »ausstellen«, wo andere Familienmitglieder sie sehen und bewundern können.
Ihrem Kind zuhören, wenn es über seine Entdeckungen sprechen will.
Nichts erzwingen, statt dessen Anreize geben.
Neue Ideen langsam einführen. Dabei Geduld und Sorgfalt üben.
Kinder Erlerntes ausreichend üben lassen.
Ihr Selbstvertrauen wiederherstellen, wenn einmal etwas nicht so geklappt hat.

Was lassen?
Nicht versuchen, mehr als eine Idee auf einmal einzuführen.
Kein Wissen als selbstverständlich voraussetzen.
Nicht ungeduldig sein.
Ein Spiel nicht in die Länge ziehen, wenn Langeweile aufkommt.
Ein Spiel keinesfalls als Strafe benutzen: »Jetzt sitz' ruhig und mach' dies und das . . .!«

Lesen lernen
Viele Eltern plagen sich mit diesem Problem herum. Sollen sie ihren Kindern Lesen und Schreiben beibringen, bevor sie in die Schule kommen? Meine Antwort hierauf lautet ganz einfach: Ja, wenn es die Kinder von selbst wollen! Es liegt an den Eltern zu erkennen, ob und wann ihre Kinder zu diesem Schritt bereit sind. Tatsächlich ist es ziemlich unwichtig, ob Kinder lesen können oder nicht, bevor sie zur Schule gehen. Wichtig ist nur, daß sie bis dahin ein positives Verhältnis zu Büchern schlechthin gewonnen haben.

Zum Schluß möchte ich dies sagen: Gleich, ob Sie nun sämtliche Vorschläge in diesem Buch ausprobieren oder nur ein paar davon als Ausgangspunkt für eigene Ideen verwenden, diese Sammlung soll vor allem richtig Spaß machen!

Melanie Rice

Notiz zur deutschen Ausgabe
Kindergedichte, Fingerspiele und Spielverse sind in der Überlieferung ihrer Ursprungsländer fest verankert. So haben wir die in den Text dieses Buchs eingestreuten englischen Verse überwiegend nicht übersetzt, sondern durch bekannte deutsche ersetzt. Natürlich gibt es auch bei uns viele Hausbücher, die diese Verse bewahren. Einige besonders anregende und derzeit greifbare Sammlungen bezeichnen wir auf der Impressumseite. Namentlich bekannte Autoren nennen wir an Ort und Stelle.

Viel Freude mit diesem hübschen und nützlichen Buch!

F. L.

Mal- und Bastelideen

Material sammeln

Eingangs ein paar Anregungen, wie Sie zu einer »Materialkiste« kommen. Sicher haben Sie auch eine Menge eigener Ideen.

Wichtig ist, daß Sie Ihr Kind nicht überfordern: Nicht zu viele Sachen auf einmal, nicht zu rasch hintereinander. Packen Sie manche Sachen gelegentlich für ein paar Wochen weg, so bleiben sie länger spannend.

Zu Beginn sollten Sie sich einmal im Haus umsehen - auch Abfall kann sich als nützlich erweisen. Da wären zum Beispiel:

Behälter
Deckel von Einweckgläsern oder Dosen, Joghurt- und Margarinebecher, Styropor-Schalen für Obst und Gemüse, Alu-Formen für Fertiggerichte oder Tiefkühlkost, Eierkartons, Streichholzschachteln, Blechdosen, Gläschen für Babynahrung mit Schraubdeckel und Plastikflaschen.

Papier
Zeitungen, Zeitschriften, Kataloge, alte Weihnachts- und Glückwunschkarten, Ansichtskarten, Seidenpapier, Folie, Papierdeckchen, Geschenkpapier, Computerpapier, Tapeten, Klarsichtfolie.

Karton
Rückseiten von Notizblöcken, Wellpappe, Klopapierrollen, Hemdenkartons, Cornflakes-Schachteln.

Stoff- und andere Reste
Besonders geeignet sind: Tweed, Spitze, Jute, Samt, Cord, alte Hemden oder Bettücher, Teppichbodenreste, Federn, Fransen, Bänder, Schaumstoff, Wolle.

Krimskrams
Bindfaden, Schnürsenkel, Gummiringe, Pfeifenreiniger, Knöpfe, Perlen, Vorhangringe, Münzen, Obstkerne, Nüsse, Getreidekörner, Nudeln, Garnspulen, Lutscherstangen, Zahnstocher, Sägespäne, Korken, Alufolie und Plastikstöpsel.

Farbe
1 Finger-, Plakat- und Abtönfarbe in Plastikpatronen. Zum Malen und Drucken.

2 Farbpulver. Billig, macht aber auch mehr Umstände. Falls die angerührte Farbe austrocknet, ein paar Tropfen heißes Wasser zufügen und ca. zwei Stunden stehenlassen.

3 Wasserfarben. Sind gleichfalls billig und relativ ungefährlich. Allerdings eignen sie sich nur für relativ helles Papier und glatte Oberflächen.

Farbtips
Verwenden Sie möglichst umwelt- und körperverträgliche Farben. Das gilt auch für Filz- und Buntstifte oder Knetmassen. Lassen Sie sich in Fachgeschäften beraten. Achten Sie besonders auf ungefährliche Lösungsmittel, wenn Ihr Kind eine empfindliche Haut hat. Nehmen Sie notfalls Speisefarben. Kaufen Sie eventuell in Läden, die baubiologische Produkte führen.

Farbbehälter

Joghurtbecher eignen sich. Oder unterteilte Aluschälchen. Oder die Eiswürfelschale aus dem Tiefkühlfach Ihres Eisschranks.

> **Achtung:** Wenn Kinder anfangen zu malen, patschen sie mit ihrem Pinsel solange begeistert in sämtlichen Farbtiegeln herum, bis alle Farben verschmuddelt sind. Lassen Sie sie ruhig gewähren - sie merken bald von selbst, daß es besser ist, die Farben getrennt zu halten.

Klebstoff

1. Tapetenkleister. Ist nicht nur billig und nützlich zum Kleben von Papier, sondern auch zum Eindicken von Farbe.
2. Mehl und Wasser. Zu einem dicken Brei verrühren.
3. Alleskleber eignet sich, wie der Name schon sagt, für alle Materialien. Für Collagen sind Klebestifte recht praktisch.

Pinsel

1. Kaufen Sie breite Pinsel. Die machen Mut und garantieren den Malerfolg.
2. Manchmal sind Haushaltspinsel besser als Künstlerpinsel. 2,5 cm breit sollten sie wenigstens sein.
3. Für Klebstoffe brauchen Sie besondere Pinsel, die, wenn sie benutzt wurden, in Seifenwasser ausgewaschen und flach in Zeitungspapier eingewickelt werden. So behalten sie ihre Form.

Malstifte

Für den Anfang sind Wachsmalblöcke am besten. Es gibt auch extra dicke Wachsmalstifte. Und solche in Plastikhülsen, die nicht so leicht brechen. Auch ungiftige Filzmalstifte sind erhältlich.

Ton und Salzteig

1. Inzwischen kann man eine besondere Art Ton kaufen, der ohne Brennen fest wird - allerdings ist er nicht billig.
2. Plastillin oder Salzteig sind weicher und leichter zu handhaben. Sie können diesen Teig selbst herstellen; verwenden Sie dazu das unten angegebene Rezept. Luftdicht verschlossen läßt sich Salzteig unbegrenzt aufbewahren.

Salzteig
2 Tassen Mehl
2 EL Speiseöl
1 Tasse Wasser
1 Tasse Salz
Farbe nach Wunsch zufügen.

Vorbereitungen treffen

Erst mal eine große Plastikplane auf dem Boden ausbreiten. Diese Planen gibt es für ein paar Mark in Haushaltswarengeschäften; sie sind ihr Geld allemal wert. Außerdem sollten Sie Seifenwasser, Schwamm, Putzlappen usw. in Reichweite haben!

Malen

Lassen Sie Ihr Kind ausprobieren, auf wieviel verschiedene Arten man Farbe auftragen kann - aufklecksen, versprühen und verspritzen, mit den Fingern verstreichen (darauf kommen die Kinder ohnehin von allein). Anstelle eines Pinsels kann man einen Kamm, ein Stück Karton, eine Bürste, einen Schwamm, eine Zahnbürste, einen Bindfaden verwenden. Oder: Sie schütten etwas Farbe in die Ecke einer Plastiktüte, schneiden ein kleines Loch hinein und lassen die Farbe auf das Papier tropfen.

Oder Sie rühren Waschpulver, Spülmittel, Mehl, Zucker, Sand oder Kleister in die Farbe, das führt sicher zu interessanten Effekten.

Probieren Sie auch verschiedene Maluntergründe aus. Versuchen Sie es mit Alufolie, Wellpappe, Seidenpapier, alten Zeitschriften oder Zeitungen, nassem Papier oder Zellophan - das fertige Bild wird ins Fenster gehängt!

Der beste Malunterricht
Gar keiner. Am besten sorgen Sie für das Arbeitsmaterial und ein paar Anregungen und halten sich dann zurück. Vermeiden Sie Fragen wie: »Was ist das?« oder »Erzähl mir etwas darüber«, wenn Sie ein Blatt Papier bekommen, das mit anscheinend bedeutungslosen Klecksen übersät ist. Kindern geht es beim Malen mehr darum, ihre Gefühle auszudrücken und nicht so sehr darum, einen bestimmten Gegenstand darzustellen. Das Malen als solches ist für sie wichtiger als das fertige Produkt. Aber die Bilder müssen natürlich aufgehängt werden!

Klecksen

Lassen Sie Ihr Kind ein wenig Farbe auf ein Blatt Papier tropfen und das Papier schief halten, damit sich Rinnsale bilden. Mit einem Strohhalm läßt sich die Farbe auch schön »verblasen«.

Farbschaum

Schütten Sie ein paar Tropfen Spülmittel in einen Topf mit stark verdünnter Farbe. Lassen Sie Ihr Kind mit einem Strohhalm fest hineinblasen. An der Oberfläche bildet sich schillernder Farbschaum. Vorsichtig ein Blatt Papier auf die Blasenpracht legen.

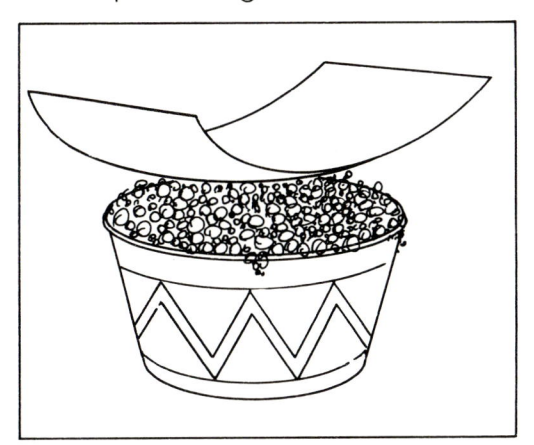

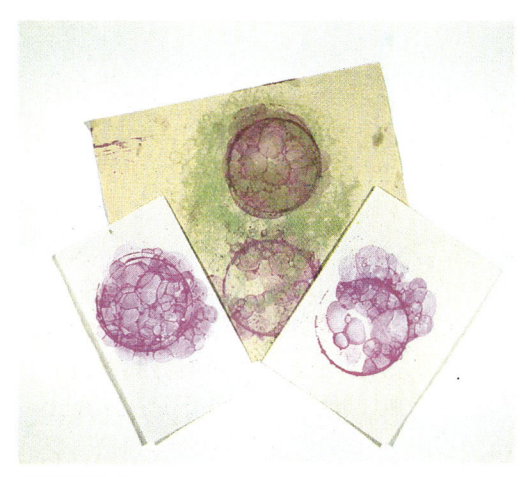

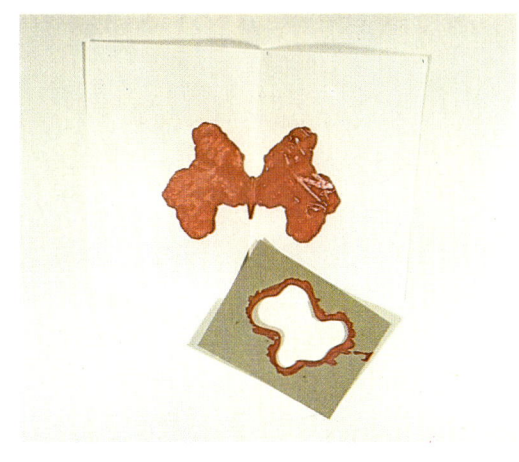

Schablonen

Zum Auftragen der Farbe am besten einen Schwamm benutzen:

1 Aus der Mitte eines festen Kartons eine beliebige Form herausschneiden. Den ausgeschnittenen Karton auf ein Stück Papier legen und als Schablone benutzen: Man füllt das ausgeschnittene Loch mit Farbe aus.

Oder man legt die ausgeschnittene Form auf ein Blatt Papier und malt an den Kanten entlang eine Linie. Die Fläche innerhalb der Linie ausmalen.

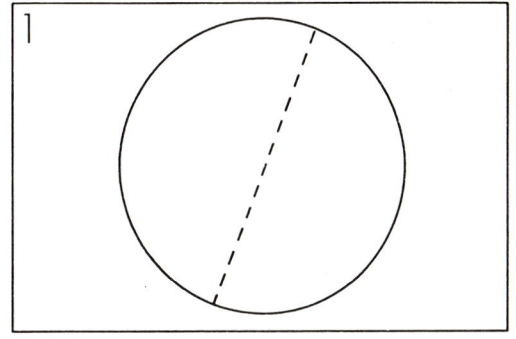

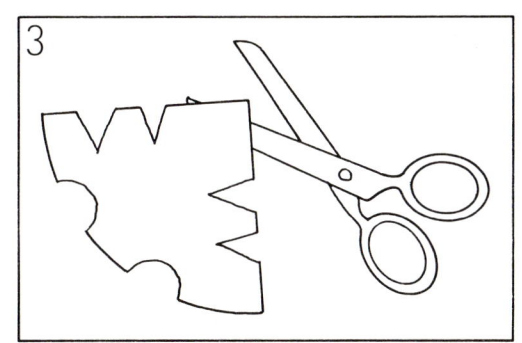

2 Für kompliziertere Schablonen nimmt man Papierdeckchen. Man kann sie selber machen, indem man Papier rund ausschneidet, wie unten beschrieben faltet und ein paar einfache Formen ausschneidet.

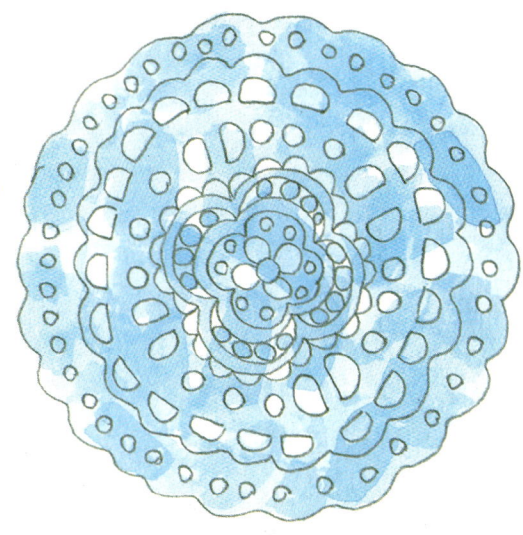

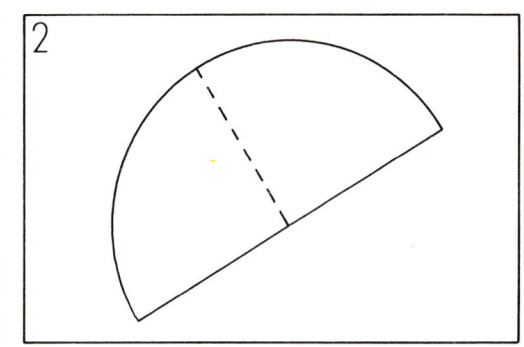

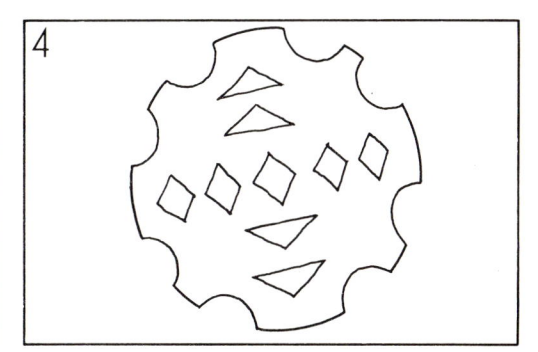

Zauberbilder

1 Dünnes Papier über Gegenstände legen, die eine interessante Oberflächenstruktur haben. Dann mit Wachsmalblock solange kräftig über das Papier rubbeln, bis das Oberflächenmuster der Gegenstände erscheint.

3 Ein Bild mit Wachsmalstift zeichnen. Fest aufdrücken. Einen dünnen Film Plakatfarbe oder Farbkreide darüberziehen – das Bild wird durchschimmern.
Ein richtiges Zauberbild entsteht, wenn man statt des Wachsstifts eine weiße Kerze zum Malen nimmt. Erst wenn man Farbe aufträgt, wird das Bild sichtbar.

2 Großformatige Bilder aus Zeitschriften auf Karton kleben, mit weißem Seidenpapier abdecken. Dann mit einem breiten Pinsel Wasser auftragen – beobachten, wie die Bilder zum Vorschein kommen.

4 Auf hellen Pappkarton mit Wachsmalkreiden größere Flächen in kräftigeren Farben auftragen. Das Ganze dann vollständig mit schwarzer Kreide übermalen. Die schwarze Farbe mit einem spitzen Gegenstand, z. B. einer Stricknadel, wegkratzen. Ein Muster entsteht.

Fingermalen

Mehl und Farbpulver mit Wasser anrühren, so daß eine dickflüssige Paste entsteht. Das Gemisch auf einen festen Untergrund gießen (Karton, Tablett, Backblech). Lassen Sie Ihr Kind mit den Fingern Muster in die Farbe malen.

Farben kombinieren
Für ältere Kinder: Lassen Sie Ihr Kind mit zwei oder drei verschiedenen Farben hantieren und beobachten Sie, welche Farben und Farbkombinationen es wofür wählt.

Drucken

Verrühren Sie etwas dickflüssige Farbe mit einer Prise Tapetenkleister und etwas Waschpulver. Tränken Sie damit einen Schwamm oder Stoff oder Schaumstoff, den Sie in eine Aluschale gelegt haben.

Jetzt lassen sich Abdrucke von allen möglichen Gegenständen machen: den Gegenstand erst kräftig auf den Farbschwamm pressen, dann auf Papier.

Faden-Drucke

1 Einen Woll- oder Bindfaden in Farbe tauchen. Auf Papier legen, so daß ein Fadenende über den Rand hängt. Papier in der Mitte falten, festhalten, mit der anderen Hand den Faden vorsichtig herausziehen.

2 Eine Papprolle mit Leim bestreichen und mit einem Stück Schnur umwickeln. Wenn der Leim trocken ist, die Rolle über den Farbschwamm gleiten lassen und danach über ein Stück Papier rollen.

3 Ein Blatt Papier mit Alleskleber betupfen. Fadenschnipsel darauf verstreuen. Eine dünne Farbschicht darüber auftragen. Jetzt einen Abdruck des Fadenmusters machen, indem man ein zweites Blatt Papier darüberlegt und das Ganze fest mit einem Nudelholz zusammenpreßt.

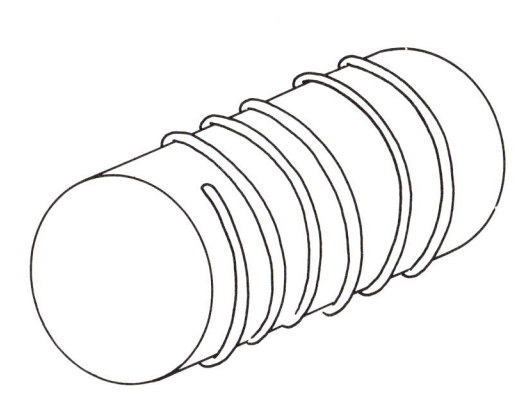

Hand- und Fuß-Bilder
Füße und Hände zuerst auf ein großes Stempelkissen drücken, dann auf ein Blatt Papier. Aus Fingerabdrücken läßt sich sogar ein Muster machen.

Diese Drucke sehen auch auf Zeitungspapier gut aus. Kräftige Farben verwenden!

Drucke von Farbplatten

Dickflüssige Farbe mit Alleskleber mischen, das Gemisch auf Linoleum- oder PVC-Platten auftragen, verteilen. Mit einem Stück Karton Muster in die Farbschicht kratzen, ein Stück Papier darüberlegen, andrücken und so ein »Spiegelbild« herstellen.

Tropfendrucke

Eine flache Kunststoffwanne oder ein altes Backblech halb mit Wasser füllen, Reste verschiedener Ölfarben oder Lacke unterrühren. Lösungsmittel bereithalten. Ein Stück Papier auf die Flüssigkeit legen, an einer Ecke hochheben, abtropfen lassen, trocknen, eventuell ein Passepartout schneiden, aufhängen.

> *Achtung!* Tropfendrucke, wie beschrieben, nur unter Aufsicht von Erwachsenen machen.
> Inzwischen gibt es biologisch abbaubare und unschädliche Öllacke und Lösungsmittel.

Collagen

Lassen Sie Ihr Kind - in Ihrer Gegenwart - ein Blatt Papier mit Alleskleber bestreichen; Sie können auch Fixogum oder Weißklebepasten nehmen. Jetzt verschiedene Gegenstände auf die Papieroberfläche drücken: Knöpfe, Wolle, Stoffreste, Pfeifenreiniger, Federn, Kronkorken, Obstkerne, Trockenerbsen, Eierschalen usw.

Verschiedene Untergrundmaterialien benutzen: Pappe, Holz, Stoff, sogar Teig. Die aufgeklebten Gegenstände können bemalt oder umrandet werden.

Faden-Collagen
Fäden oder Bindfäden, die man in eine Mischung aus Farbe und Kleister taucht, bleiben nach dem Trocknen fest kleben.

21

Papier-Collagen

Papier allein bietet schon eine Vielzahl von Formen und Strukturen. Es läßt sich schneiden, reißen, rollen, drehen, biegen, zusammenlegen, knittern, zerfransen, falten...

Falten
Ein Blatt Papier mit ganz leichten Bleistiftstrichen in gleiche Abstände unterteilen. An den Markierungen entlang falten.

Fransen
Papier wie zuvor beschrieben markieren, dann an jedem Strich entlang zu Dreiviertel aufschneiden.

Spiralen
Papier kreisrund ausschneiden und spiralförmig markieren. An der Markierung entlang aufschneiden und in der Mitte aufhängen, so daß die Spirale nach unten baumelt. Oder beide Enden der Spirale so auf eine Collage kleben, daß sie sich wie eine Schlange über die Collage windet.

Locken

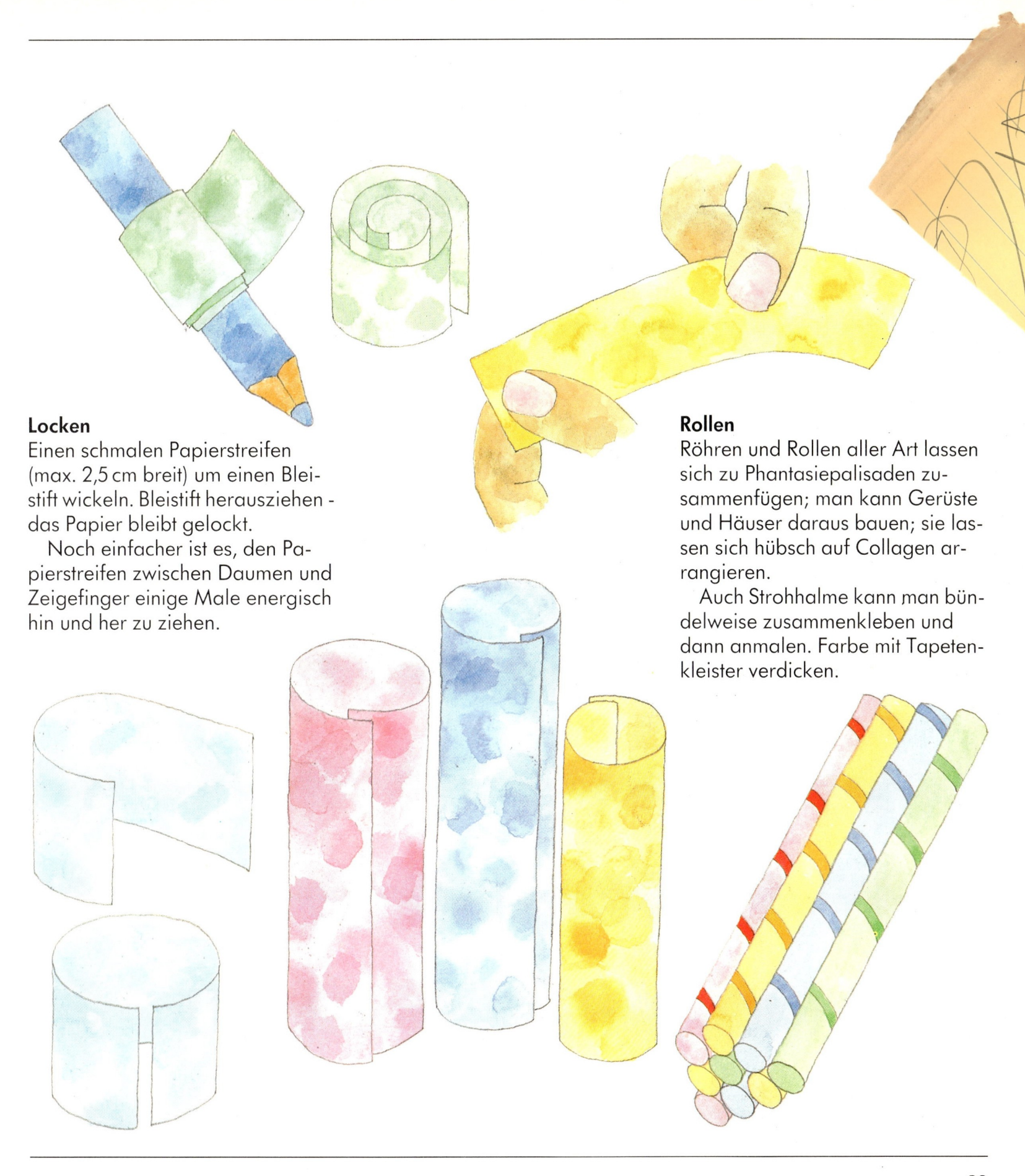

Einen schmalen Papierstreifen (max. 2,5 cm breit) um einen Bleistift wickeln. Bleistift herausziehen – das Papier bleibt gelockt.

Noch einfacher ist es, den Papierstreifen zwischen Daumen und Zeigefinger einige Male energisch hin und her zu ziehen.

Rollen

Röhren und Rollen aller Art lassen sich zu Phantasiepalisaden zusammenfügen; man kann Gerüste und Häuser daraus bauen; sie lassen sich hübsch auf Collagen arrangieren.

Auch Strohhalme kann man bündelweise zusammenkleben und dann anmalen. Farbe mit Tapetenkleister verdicken.

Papiermuster

Sammeln Sie möglichst verschiedene Papiere, z.B. Seidenpapier, Schreibmaschinenpapier, Silberfolie, Schmierpapier, Packpapier, Karton und bedrucktes Papier (Zeitungen, Zeitschriften, alte Briefe).

1 Aus sämtlichen Papieren eine bestimmte Form ausschneiden (z.B. Sterne oder Kreise); auf buntes Papier kleben.

2 Kaufen Sie Klarsichtfolie mit selbstklebender Rückseite. Solche Folie erhalten Sie in Geschäften für Künstlerbedarf oder auch in Ihrem Schreibwarengeschäft.
Reißen Sie Seidenpapier in Stücke und drücken Sie diese Ausrisse auf die Klebeseite der Folie. Legt man verschiedenfarbige Formen übereinander, entstehen neue Farben. Resultat in sonniges Fenster hängen!

3 Schattenrisse (Figuren, Bäume etc.) aus schwarzem Papier ausschneiden; auf einen farbigen Untergrund kleben. Den Untergrund mit Fingerfarben eventuell selber anlegen.

Modelle

Lassen Sie Ihr Kind in seiner »Materialkiste« kramen - vielleicht bastelt es ein paar tolle »Skulpturen« zusammen. Ob man erkennt, um was es sich handelt, ist völlig unwichtig.

Züge, Autos, Schiffe, Personen, Ungeheuer - lassen Sie es ruhig seine Phantasie austoben. Es wird nicht lange dauern, dann entstehen spannendere Sachen als Sie je vorschlagen könnten.

Pappkartons eignen sich gut als Sockel, Pappaollen für Körper und Kamine, aus Garnspulen und Käseschachteln kann man Köpfe oder Räder machen, aus Joghurtbechern Hüte, aus Pfeifenreinigern Arme und Beine, Plastikflaschen lassen sich als Köpfe oder Körper verwenden, Streifen, die man aus Spülmittelflaschen geschnitten hat, als Arme.

Papierpuppen

Die abgebildete Puppe auf festen Karton pausen und entlang der gestrichelten Linie ausschneiden. Die Puppenkleider vorzeichnen, damit Ihr Kind sie ausmalen kann. Eventuell Tapetenreste nehmen. Suchen Sie zusammen mit Ihrem Kind die passenden Muster aus.

Beim Ausschneiden der Kleider nicht vergessen, an Schultern, Armen, Taille und Beinen Laschen stehen zu lassen! Und jetzt: die Puppe »anziehen«.

27

Spielsachen

Papierbaum
Eine Zeitungs-Doppelseite zusammenrollen. Ca. 1/3 des Außenrands der Rolle mit Tesafilm festkleben. Die Rolle vom anderen Ende her längs in Streifen schneiden, bis zu etwa Zweidrittel der Rollenlänge. Die inneren »Blätter« hochziehen und dabei etwas eindrehen. Die äußeren Blätter breiten sich von selbst aus, so daß das Ganze wie ein Baum aussieht.

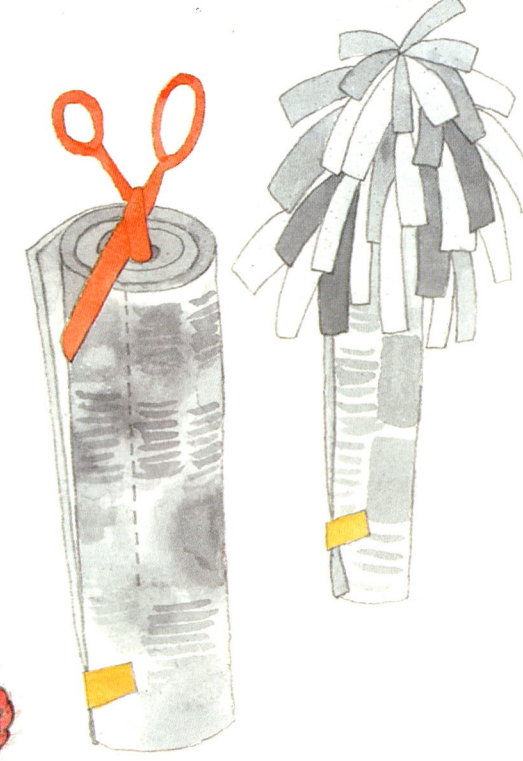

Wirbelscheibe
Aus Karton eine Kreisscheibe von ca. 12 cm Durchmesser ausschneiden, bemalen. In gleicher Entfernung zum Mittelpunkt der Scheibe zwei einander gegenüberliegende Löcher bohren, einen Wollfaden durchziehen, die beiden Enden des Fadens verknoten. Die Schlingen ober- und unterhalb der Scheibe in die Hände nehmen, die eine Hand still halten, mit Daumen und Zeigefinger der anderen Hand die Scheibe solange wie möglich zwirbeln. Jetzt den Schlingfaden gleichzeitig scharf anziehen und die Scheibe loslassen!

Kreiselscheibe
Karton kreisrund ausschneiden und ein Muster aufmalen – ältere Kinder können es sogar mit einer Spirale versuchen. Ein Holzspießchen oder einen Bleistift genau durch die Mitte stecken; die Scheibe kreiseln lassen.

Windmühle
Einen dünnen, quadratisch zugeschnittenen Karton von ca. 15 cm Seitenlänge anmalen. Den Karton von jeder Ecke her einschneiden, bis ca. 2,5 cm vor den Mittelpunkt. Die linke Hälfte jedes Segments zur Mitte hin biegen. Ein Stück Draht durch den Mittelpunkt des Kartons und die zu ihm vorgebogenen Spitzen der Schnittsegmente bohren. Auf beide Seiten je eine durchlöcherte Perle aufziehen, den Draht auf der Vorderseite umbiegen, auf der Rückseite um ein Holzstöckchen wickeln. Fertig.

Kriechende Garnspule

Leere Garnspule bemalen und einen Gummiring durchziehen, so daß seitlich zwei Schleifen herausschauen, durch die zwei kurze Bleistifte gesteckt werden. An einer Seite aufziehen und zusehen, wie die Spule auf dem Tisch entlangkriecht.

Loch-Länder

Man benötigt Ton oder Plastillin als Fundament; dann Papprollen, Papier oder Karton. Aus- und Löcher hineinschneiden.

Mit einem Bleistift Löcher in das Fundament bohren, zum Teil bis zum Grund. Die Rollen und die ausgeschnittenen Kartons in den Ton stecken.

Oder: Man bastelt ein Objekt aus durchsichtigen Materialien: Plastikstrohhalmen, Bonbon- und Pralinenpapier, Klarsichtfolien. Evtl. Windlichter einbauen.

Mobiles

Mobiles sind ein Spaß. Vielleicht können Sie Ihre »Großen« ermutigen, dem Nesthäkchen der Familie eines zu machen:

Aus Karton oder Buntpapier Formen ausschneiden (Tiere, Sterne, Häuser). Man kann den Karton auch mit bunter Glanzfolie bekleben. Es gibt ausgesprochen »rasante« Folien: geriffelte, reflektierende, schockfarbene, funkelnde, glitzernde. Man bekommt sie u.a. in Geschäften, die Artikel für Schaufenster- und Ladenausstattungen führen.

An jeder ausgeschnittenen Form einen Faden anbringen und an einem Dreieck aus aufgefädelten Strohhalmen aufhängen. Oder an zwei zusammengebundenen Drahtkleiderbügeln befestigen und zwar jeweils an den Enden oder in der Mitte, damit das Mobile im Gleichgewicht bleibt.

Papiermaché

Eine Spülschüssel zur Hälfte mit Tapetenkleister füllen, eine Zeitung in schmale Streifen schneiden. Den Gegenstand, von dem man ein »Modell« machen will, mit Vaseline bestreichen. Die Zeitungsstreifen nach und nach in den Kleister tauchen und auf das »Modell« legen, bis es mit mehreren Schichten bedeckt ist. Trocknen lassen, abnehmen.

Papierteller
Einen alten Porzellanteller mit Vaseline bestreichen. Tellerfläche mit Pappmaché-Streifen bedecken. Nach dem Trocknen überstehende Ränder abschneiden und den Teller vorsichtig ablösen.

Masken
Einen aufgeblasenen Ballon zur Hälfte einfetten und diesen Teil mit Kleisterstreifen bedecken. Trocknen lassen, den Luftballon anpieksen und vom Papier abziehen.
Ränder der Maske zurechtschneiden. Augenlöcher ausstechen und bemalen. Eventuell Wollfäden oder Pelzstücke als Haare aufkleben. Auf beiden Seiten ein kleines Loch bohren und einen Gummi durchziehen, damit man die Maske aufsetzen kann.

Tiere
Einen aufgeblasenen Ballon rundum einfetten und mit Papiermaché bedecken. Nach dem Trocknen Beine, Ohren und Schwanz aus Karton aufkleben und bemalen.

Modelle bauen

Maché-Figuren
Zeitungspapier in kleine Stücke reißen und in einer Schüssel mit Kleister zu einem Brei vermanschen. Überschüssiges Wasser ausquetschen, kneten. Dann wie Ton beliebig formen. Über Nacht trocknen lassen und anmalen.

Ein Dorf

Hierzu braucht man etliche verschieden große Pappkartons.

Zuerst den Grundriß des Dorfes auf einen großen, festen Pappkarton zeichnen. Danach Straßen, Grünflächen usw. aufmalen.

Schließlich die Häuser bauen. Für Läden kann man kleinere Kartons verwenden. Die offenen Seiten werden zu Ladeneingängen, damit die Puppen ein- und ausgehen können. Anmalen oder mit Fotos bekleben - ein Blumengeschäft kann man mit den Abbildungen von Samentütchen verzieren; für die Bäckerei nimmt man Fotos von Backrezepten usw.

Einzelheiten

Einen Teich aufmalen oder aus blauem Seidenpapier ausschneiden und ein paar Enten daraufsetzen, die man aus Teig oder Plastillin geformt hat. Für Bushaltestellen und Verkehrsampeln kann man Lutscherstangen verwenden, die mit einem Klümpchen Plastillin am Boden befestigt werden.

Tankstellen aus Streichholzschachteln und Plastillin basteln. Obst und Gemüse wird aus Plastillin und zusammengedrehten Seidenpapierschnipseln gemacht. Streichholzschachteln dienen als Obstkisten.

Ein Spielhaus

Elektrohandlungen haben große Pappschachteln, in die Herde oder Eisschränke verpackt waren. So einen Karton besorgen Sie sich. Stellen Sie ihn als ganzen ins Kinderzimmer. Richten Sie die Kartonlaschen der einen Seite schräg auf. Sie sind das Dach. Einen Schornstein hineinschneiden. In die Seitenwände Öffnungen für Fenster und Türen schlitzen. Ein Federmesser ist dafür am besten geeignet. Das ganze Haus anmalen und mit kleineren Kartons einrichten.

Ist der Karton oben und unten offen, können Sie eine bunte Decke als Dach darüber drapieren.

Hindernisbahn

Man kann sie für Puppen basteln oder, wenn genügend Platz ist, natürlich auch für Kinder. Für Puppen benützt man kleine Kartons, Streichholzschachteln und allen möglichen Krimskrams.

Für Kinder nimmt man Stühle, Schemel, Kissen, Pappkartons, Bettücher oder Bettvorleger und alte Zeitungen.

Ein Puppenhaus

Die Deckel von vier gleich großen Kartons abschneiden. Die Kartons so zusammenkleben, daß die vier Zimmer eines »Hauses« entstehen. Das Ganze wird realistischer, wenn das Haus Fenster und Türen bekommt. Die Türen sollten die Zimmer miteinander verbinden. Die Zimmerwände mit Tapetenresten tapezieren, die man einem alten Tapetenmusterbuch entnimmt. Möbliert wird das Haus mit Gegenständen aus der »Materialkiste«. Zum Beispiel mit Streichholzschachteln als Betten etc. Anregungen finden Sie in den Abbildungen auf dieser und der gegenüberliegenden Seite.

37

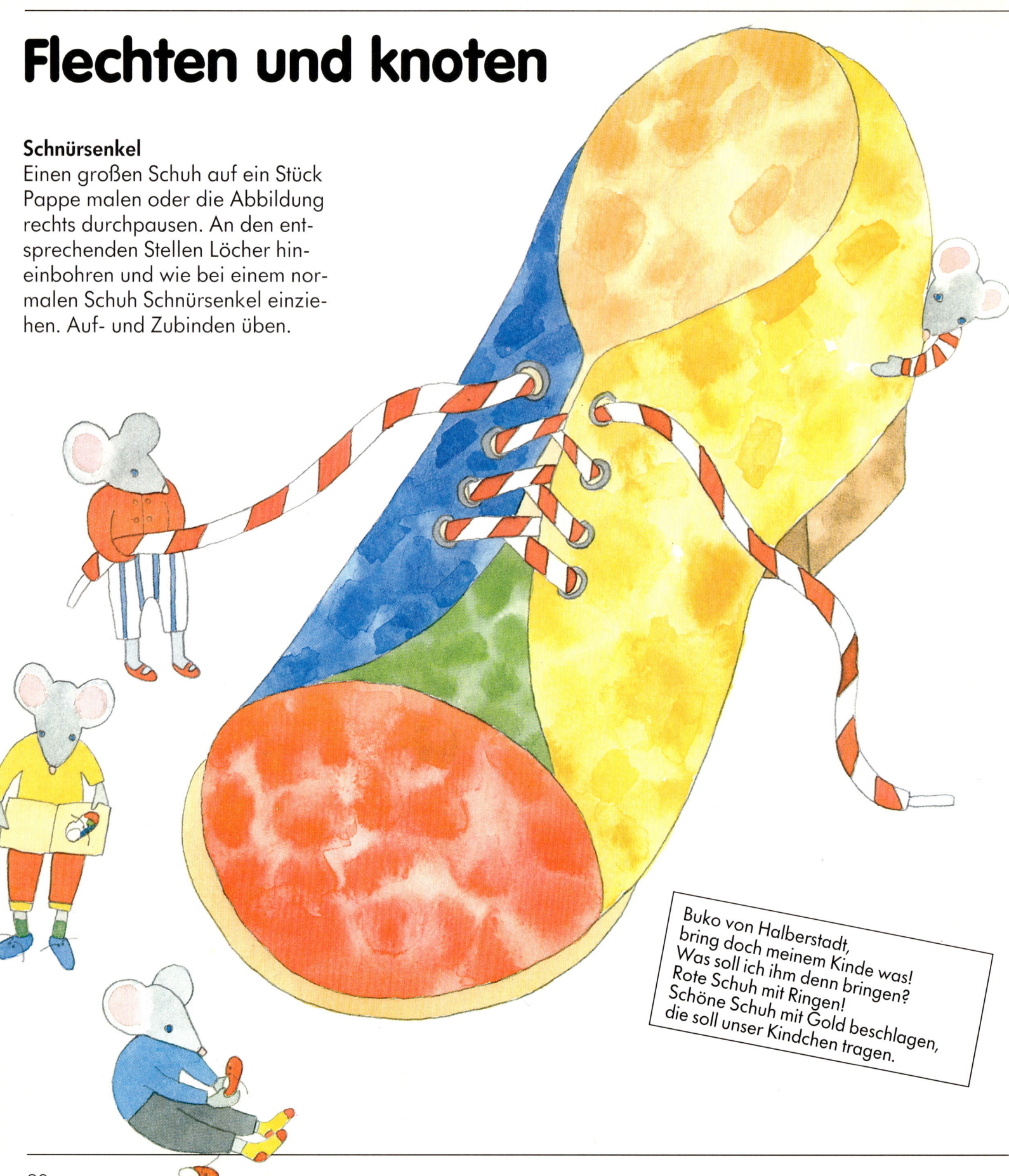

Flechten und knoten

Schnürsenkel
Einen großen Schuh auf ein Stück Pappe malen oder die Abbildung rechts durchpausen. An den entsprechenden Stellen Löcher hineinbohren und wie bei einem normalen Schuh Schnürsenkel einziehen. Auf- und Zubinden üben.

Buko von Halberstadt,
bring doch meinem Kinde was!
Was soll ich ihm denn bringen?
Rote Schuh mit Ringen!
Schöne Schuh mit Gold beschlagen,
die soll unser Kindchen tragen.

Flechten und knüpfen

1 Eine einfache Grundform aus festem Karton ausschneiden, Löcher hineinbohren oder -stanzen, so groß, daß Schnürsenkel durchpassen. Mit diesen dann ein Muster flechten.

2 Stanzen Sie den Namen Ihres Kindes in ein Stück Pappe. Lassen Sie es bunte Schnürsenkel so durch die Löcher ziehen, daß der Name lesbar wird.

3 Ein Bild mit klaren Konturen auf ein Stück Pappe kleben. In ca. 0,5 cm Abstand große Löcher am Rand entlang einstanzen. Helfen Sie Ihrem Kind, das Bild mit einer stumpfen Nadel (einem sogenannten Pfriem) und Wolle »einzurahmen«.

4 Einige Garnspulen oder Joghurtbecher auf eine Schnur auffädeln, so daß eine Schlange entsteht. Jeweils einen Knoten dazwischen machen, damit nichts verrutschen kann.

Größere Kinder können Makkaroni, Plastikstrohhalme, Joghurtdeckel und Perlen auf lange Schnürsenkel aufziehen.

Wollbälle

Zwei gleich große Kreise aus Pappe ausschneiden und in jeden ein mittelgroßes Loch bohren. Die beiden Kreise aufeinanderlegen und mit Wolle umwickeln; dazu einen kleinen Wollknäuel benutzen.

Wenn das Loch in der Mitte beinahe ausgefüllt ist, eine Schere zwischen die beiden Pappkreise schieben und sämtliche Fäden durchschneiden. Danach die Kreise etwas auseinanderziehen und in der Mitte mit einem festen Wollfaden zusammenschnüren. Zuletzt die Pappkreise entfernen.

Ein Wollhühnchen

Einen Wollball, wie oben beschrieben, basteln. Einen Pfeifenreiniger in der Mitte knicken und durch die Pappkreise schieben, bevor man die aufgeschnittene Wolle in der Mitte zusammenbindet und die Kreise entfernt. Zum Zusammenbinden einen langen Wollfaden benützen und die beiden Enden zunächst überhängen lassen.

Dann einen kleineren Wollball machen und mit dem überstehenden Faden des größeren in der Mitte zusammenbinden. Den Pfeifenreiniger zu Beinen formen und dem Huhn einen Schnabel aus Filz oder Pappe ankleben.

Weben

Bunt- oder Tonpapier, aber auch Tapetenreste eignen sich gut dafür.

Vier Streifen in einer Farbe ausschneiden, ca. 2,5 auf 20 cm, und vier in einer Kontrastfarbe.

Die vier ersten Streifen so auf einem Stück Pappe anordnen, daß immer ein paar Millimeter Abstand bleiben, an einem Ende etwas ankleben, damit sie nicht verrutschen. Die restlichen Streifen zwischen die ersten weben. Siehe Abbildung. Zur Abwechslung auch solche Streifen verwenden, die gewellte oder gezackte Ränder haben. Die Zahl der Streifen nach und nach erhöhen.

Für größere Kinder

Aus einer alten Schuhschachtel läßt sich ein einfacher Webstuhl basteln. Sechs Löcher oben in die Schmalseiten des Kartons bohren. Drei Wollfäden so durch die Löcher ziehen, wie aus der Abbildung nebenan ersichtlich; die Enden festknoten, damit nichts verrutscht. Jetzt haben Sie die sogenannte Webkette.

Dann andersfarbige Wolle um ein längliches Stück Karton wickeln, ca. 20 cm überhängen lassen. Den Karton mit der Wolle durch die Webkette führen; das fertiggewebte Stück dann aus dem Rahmen schneiden.

Holzarbeiten

Werkzeug und Ausrüstung
Beschaffen Sie Holzreste, einen Hammer, Nägel in verschiedenen Größen, Sandpapier, Leim, eine Säge, Haken und Ösen, eine dicke Holzunterlage, die den Arbeitstisch schont, und einen Schraubstock. Geben Sie Ihrem Kind am besten richtiges, wenn auch möglichst handliches Werkzeug. Spielwerkzeug taugt in der Regel nichts.

Umgang mit Werkzeug
Kinder verletzen sich kaum, wenn ihnen gezeigt wird, wie man Werkzeug richtig benützt. Also sollten Sie bei jedem neuen Werkzeug genau erklären, wie es funktioniert.

Zeigen Sie, wie man Nägel richtig einschlägt. Zuerst vorsichtig »anhämmern«, dann die Finger wegziehen und kräftiger zuschlagen. Falls das Holz zu hart ist, zum Üben Weichholz oder auch Kartoffeln verwenden.

Sägen übt sich am besten an dünnen Dämmplatten oder dicker Wellpappe. Damit Ihr Kind den richtigen Rhythmus findet, sagen Sie ihm eine Zeitlang: »Rauf und run-ter, rauf und run-ter.« Seien Sie geduldig!

Erklären Sie Ihrem Kind auch, daß es sein Werkzeug schonend behandeln und nach Gebrauch immer saubermachen und wegräumen sollte. Machen Sie ein Spiel aus der Aufräumerei.

Erste Basteleien

1 Spielzeug: Roboter, Schiffe, Lastautos und Züge, je nach Form des Holzes.

2 Skulpturen und Collagen: Benützen Sie dazu auch Sägespäne und Holzstaub.

3 Nagelmuster: Nägel nach Belieben in ein Holzbrett schlagen, Wolle darumschlingen. So entsteht ein Muster.

4 Lochbilder: Einen langen Nagel in ein Holzbrett ein Stück weit einschlagen, herausziehen. Ein Lochbild entsteht.

5 Spielzeugbrett: Ein Holzbrett abschmirgeln und etliche Haken einschrauben. Ihr Kind kann daran seine Farbstifte, Spielsachen usw. übersichtlich aufhängen. Befestigen Sie das Brett zuvor an der Wand oder der Tür des Kinderzimmers.

2 Entdecken, erforschen

Im Haus

Erklären Sie, wie der Stromzähler funktioniert - schalten Sie ein oder zwei Elektrogeräte ein und beobachten Sie mit Ihrem Kind, wie sich der Zeiger bewegt. Klären Sie Ihr Kind bei dieser Gelegenheit darüber auf, wie gefährlich elektrischer Strom sein kann; warnen Sie es davor, Steckdosen oder lose Kabel anzufassen oder an Elektrogeräten herumzuspielen.

Zeigen Sie Ihrem Kind die Wasserrohre und erklären Sie ihm, wo das Wasser herkommt.

Erklären Sie ihm, wie die Heizung funktioniert. Lassen Sie es fühlen, wo die Luft wärmer ist - über einem Heizkörper oder darunter?

Probieren Sie zusammen das Telefon aus. Hören Sie sich das Freizeichen und das Besetztzeichen an (dazu müssen Sie Ihre eigene Nummer wählen) und rufen Sie gemeinsam den Wetterbericht oder die Zeitansage an.

Kochen

Erklären Sie Ihrem Kind, daß es sich vor dem Kochen jedesmal die Hände waschen sollte.

Lassen Sie Ihr Kind alles üben, was zum Kochen dazugehört: abwiegen, kleinhacken (besser ein stumpfes Messer benützen), entkernen, schälen, reiben, mixen, rühren, ausrollen...

Lassen Sie Ihr Kind anfangs nur ein bißchen mithelfen. Später, wenn Interesse und Konzentrationsfähigkeit zunehmen, kann es allmählich lernen, ein ganzes Gericht allein zuzubereiten. Älteren Kindern kann man erklären, wie Elektrogeräte funktionieren.

Kochrezepte für Anfänger

Leckere »Schnell-Gerichte« sind am besten.

1 Belegte Brote: Lassen Sie Ihre Kinder verschiedene Beläge ausprobieren, damit sie herausfinden können, was zusammenpaßt.

Hier einige Vorschläge: Gurkenscheiben, Tomaten, harte Eier; Käse, Salami oder andere Wurst und Essiggürkchen; Leberwurst und Mandarinenscheiben; Erdnußbutter, Honig, Apfelscheiben; Hüttenkäse, zerdrückte Banane und Ananasscheiben.

2 Rühreier: Einen Teelöffel Butter in der Pfanne zergehen lassen. Ein Ei und einen Teelöffel Milch verrühren und in die Pfanne gießen.

Langsam fest werden lassen, dabei ständig umrühren, bis die Eimasse gestockt ist.

Zur Abwechslung kann man etwas geriebenen Käse vor dem Festwerden unter das Ei rühren.

3 Füllungen für Pfannkuchen, Pizzas, gebackene Kartoffeln und Omelettes: Pilze, Zwiebeln, Gurken, Tomaten, gekochte oder gesottene Gemüse, Käse, Eier (gekochte oder Rührei), Krabben, Huhn, Schinken, Petersilie.

4 Obstsalat: Ein vierjähriges Kind findet es vielleicht spannend, einfach irgendwelche Früchte zu zerschneiden; so bekommt es auch einen Blick dafür, welches Obst man schälen muß, welches entkernen, was sich gut schneiden läßt usw.

5 Kekse und Törtchen: Am besten benutzt man hierzu Teigausstecher; die Plätzchen dann mit Kirschen, Rosinen, Marmelade usw. verzieren.

Rezept für Plätzchen
100 g Mehl
100 g Zucker
50 g Margarine
1 TL Backpulver
½ TL Vanille
½ TL Milch
1 Ei, verrührt
Prise Salz

1. Butter und Zucker schaumig rühren.
2. Ei, Vanille und Milch verrühren.
3. Löffelweise zu der schaumig gerührten Buttermasse geben, gründlich vermengen.
4. Mehl, Backpulver und Salz zusammensieben.
5. In die Schaummasse rühren, so daß ein fester Teig entsteht.
6. Teig auf einem leicht bemehlten Brett ausrollen.
7. Plätzchen ausstechen.
8. Auf ein ungefettetes Backblech legen, mit Zucker bestreuen.
9. Im vorgeheizten Ofen bei 175 Grad backen, bis sie goldbraun sind, d.h. etwa 8-10 Minuten lang.
10. In Blechdosen lassen sich Plätzchen gut konservieren.

Kirschtörtchen

25 g kandierte Kirschen
100 g Mehl
1 TL Backpulver
50 g Margarine
50 g Zucker
1 Ei, verrührt

1. 10 Törtchen-Backformen aus Papier auf ein Backblech stellen.
2. Kirschen waschen und abtrocknen.
3. Margarine und Mehl mit den Fingerspitzen verkneten.
4. Zucker und Kirschen darunterrühren, dann das geschlagene Ei dazugeben.
5. Einen knappen Teelöffel Teig in jedes der zehn Papierförmchen setzen.
6. Lassen Sie Ihr Kind die Schüssel auslecken.
7. Im vorgeheizten Ofen bei 175 Grad ca. 15 Minuten backen.

Picknicken

Packen Sie einen Picknickkorb und lassen Sie Ihr Kind aussuchen, was alles hinein soll. Das Picknick kann ruhig im Wohnzimmer stattfinden, Hauptsache, das Vorbereiten und Einpacken macht Spaß.

Mehr über das Essen

Woher kommt das Essen?
Viele Kinder sind erstaunt, wenn sie hören, daß Erbsen in Schoten wachsen und Äpfel an Bäumen; daß Karotten eigentlich Wurzeln sind; daß die Milch von Kühen stammt und die Eier von Hühnern.

Sammeln Sie einige Abbildungen von Tieren und verschiedenen Lebensmitteln, damit Sie sie Ihren Kindern zeigen können, wenn Sie über Essen sprechen.

Zeigen Sie Ihrem Kind beim Kochen das Fleisch oder das Gemüse, bevor sie es zerschneiden und weiterverarbeiten.

Manche Sachen, die man normalerweise fertig kauft, kann man auch selbst machen:

Käse
1. Etwas Milch bei Zimmertemperatur aufbewahren, bis sich Quark und Molke voneinander trennen.
2. Den Quark in einem sauberen Taschentuch zusammenknoten, damit die Molke vollständig abtropfen kann. Alle Flüssigkeit, die eventuell noch übrigbleibt, aus dem Quark herauspressen.
3. Nach Geschmack etwas Salz zufügen.

Orangensaft
Läßt sich leicht herstellen, indem man frische Orangen auspreßt.

Joghurt
1. Thermosflasche sterilisieren. Dazu in kochendes Wasser tauchen. Keine chemische Lösung verwenden!
2. Einen halben Liter H-Milch auf 43 Grad erhitzen bzw. einen halben Liter frische Milch aufkochen und auf 43 Grad abkühlen lassen.
3. Einen Eßlöffel Naturjoghurt zugeben.
4. Die Mischung in die Thermosflasche gießen, zuschrauben und sechs Stunden lang stehen lassen.
5. Dann die Mischung in eine keimfreie Schüssel schütten. Zudecken und 3 - 4 Stunden im Kühlschrank stocken lassen.

Wenn Sie möchten, können Sie noch Marmelade, Honig, zerkleinerte Früchte, Kokosraspeln usw. unter den fertigen Joghurt rühren.

Krautsalat

¼ Weißkrautkopf
1 kleine Zwiebel
1 große Karotte
1 Apfel

Fein raspeln,
mischen,
mit Salatsauce
anmachen.

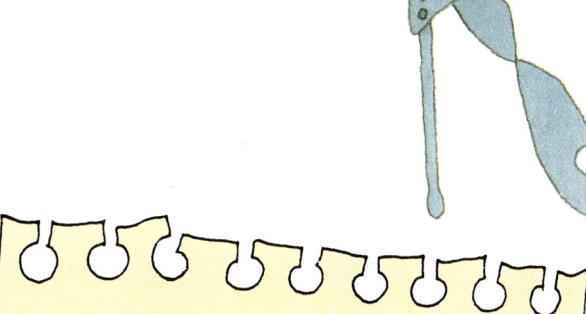

Tomatensuppe

15 g Mehl
15 g Butter
¼ l Milch
1 kleine Dose geschälte Tomaten
Prise Salz und Pfeffer

Zutaten in einen Topf geben, dabei ständig umrühren. Zum Kochen bringen, zudecken, 10 Minuten auf kleiner Flamme ziehen lassen.
Zur Abwechslung kann man auch eine gehackte Zwiebel zugeben.

Backe, backe Kuchen

Backe, backe Kuchen,
der Bäcker hat gerufen:
Wer will guten Kuchen backen,
der muß haben sieben Sachen:
Eier und Schmalz,
Zucker und Salz,
Milch und Mehl,
Safran macht den Kuchen gel.

Mein Körper

Viele Kinderspiele vermitteln Körpererfahrungen, zum Beispiel Sackhüpfen, Wurstschnappen, Eierrennen, Häschen-in-der-Grube. Sie sehen, es gibt Spiele, die einzelne Körperteile besonders beanspruchen. Das kann man Kindern bewußt machen. Es gibt andere Spiele, die, in Verbindung mit kleinen einprägsamen Versen, zu einer richtigen Darstellung ermuntern:

Sieben Söhne

Adam hatte sieben Söhne,
sieben Söhne hatte Adam.
Sie aßen nicht,
sie tranken nicht,
sie waren alle liederlich
und machten's so wie ich:
Mit dem Fingerchen tip, tip, tip,
mit dem Köpfchen nick, nick, nick,
mit den Füßchen trab, trab, trab,
mit den Händchen klapp, klapp, klapp,
mit dem Pöchen lupf, lupf, lupf,
mit den Beinchen hupf, hupf, hupf.

Schneebär

Da kommt ein Bär,
er tappt daher,
er sagt, ihn frör:
wo nur mein lieber Peter wär?

Teddybär

Teddybär, Teddybär dreht sich um,
Teddybär, Teddybär macht sich krumm,
Teddybär, Teddybär hebt ein Bein,
Teddybär, Teddybär, das ist fein.

Wozu sind die Füße da?

Wozu sind die Füße da, Füße da, Füße da,
wozu sind die Füße da,
wozu sind sie da?
Die Füße sind zum Stampfen da,
Stampfen da, Stampfen da,
Die Füße sind zum Stampfen da,
dazu sind sie da.

Wozu sind die Hände da…
Die Hände sind zum
Klatschen da…

Wozu sind die Beine da…
Die Beine sind zum
Hopsen da…

Wozu sind die Arme da…
Die Arme sind zum
Schwingen da…

Vergleiche anstellen
Lassen Sie Ihr Kind Menschen-Körperteile, z.B. Hände, Füße, Augen und Nase mit denen von Tieren und Vögeln vergleichen.

Die Sinne
In die Vertiefungen einer Eierschachtel sechs Zutaten füllen, die einen leicht erkennbaren Geruch oder Geschmack haben (z.B. Senf, Salz, Kakao, Zucker, Honig, Grapefruit, Tomatensauce, zerdrückte Banane, geriebener Käse, Orange, Zwiebel, Pfefferminze). Die Schachtel vorsichtig in Alufolie hüllen, dann über jeder Vertiefung ein Loch bohren, so groß, daß ein Finger durchpaßt.

Fordern Sie Ihr Kind auf, mit dem Finger der Reihe nach in jede »Abteilung« zu tauchen und mit geschlossenen Augen zu kosten. Kann es erraten, was darin war? Achtung: Unbedingt ein Glas Wasser zum Nachtrinken bereithalten! Weitere Spiele, die die Sinne schulen, finden Sie auf
Seite 88 - 94 (Beobachten)
Seite 118 - 119 (Hören)
Seite 140 (Berühren).

Mit Wasser spielen

Kinder mögen Wasser sehr und nutzen jede Gelegenheit, damit herumzuspielen. Befestigen Sie ein Brett über dem Fußende Ihrer Badewanne und legen Sie einige der folgenden Gegenstände darauf:

1 Leere Shampooflaschen, leere Milchtüten, ein Spielzeugkännchen. Gut zum Löcherhineinbohren und Ausgießen. Gut zum Luftbläschenmachen.

2 Schläuche, Siebe und Trichter. Sie eignen sich herrlich zum Wasserdurchschütten.

3 Strohhalme oder ähnliches. Damit kann man Wasser ansaugen und so von einem Behälter zum anderen befördern.

4 Schwämme, Seidenpapier, Korken, Garnspulen, Löffel, Plastikspielzeug. Zum Schwimmenlassen und Versenken.

Wasserspiele

Wasserspiele

1 Seifenblasen machen. Zum Durchblasen Plastikringe verwenden oder Trinkhalme, die an einem Ende schräg angeschnitten sind.

2 Etwas Speiseöl in eine Schüssel mit Wasser geben; wenn man das Öl herumwirbelt, entstehen immer neue Muster.

3 Eiswürfel in ein Glas Wasser geben und zusehen, wie sie oben schwimmen und allmählich schmelzen.

4 Suchen Sie zwei Gefäße, die dieselbe Menge Flüssigkeit aufnehmen können, aber ganz verschieden geformt sind - eines sollte höher und schmaler sein als das andere. Fragen Sie Ihr Kind, in welchem mehr Wasser ist - es tippt wahrscheinlich auf das höhere Gefäß. Zeigen Sie, daß beide dieselbe Menge enthalten, indem Sie die Flüssigkeiten nacheinander in einen Meßbecher gießen.

Zwei Mädchen
Zwei Mädchen wollten Wasser holen,
zwei Buben wollten pumpen,
da guckt ein Herr zum Fenster raus und sagt:
»Fort mit euch, ihr Lumpen!«

Wiegen

Basteln Sie selbst eine Waage, indem Sie je einen Margarinebecher an beide Enden eines Kleiderbügels binden. Achten Sie dabei darauf, daß die Schnur auf jeder Seite gleich lang ist, damit beide Becher auf derselben Höhe baumeln. Hängen Sie den Kleiderbügel dann an einer langen Schnur auf.

Jetzt können Sie mehrere verschieden große Gegenstände abwiegen. Bei dieser Gelegenheit können Sie Begriffe wie schwer/schwerer, leicht/leichter anschaulich machen.

Weisen Sie Ihr Kind darauf hin, daß große Gegenstände nicht immer schwer sein müssen bzw. kleine leicht.

Wie man eine Waage benutzt
Betrachten Sie mit Ihrem Kind zusammen die Gewichtsangaben auf Lebensmittelpackungen und wiegen Sie sie nach.

Wiegen Sie ein halbes Pfund Mehl ab und geben Sie es in eine Schüssel. Dann wiegen Sie ein halbes Pfund Reis ab; der Reis kommt in eine zweite Schüssel. Was sieht nach »mehr« aus, das Mehl oder der Reis?

Das gleiche läßt sich auch mit anderen Zutaten machen, z.B. Zukker, Tomaten, Erbsen. Lassen Sie Ihr Kind die unterschiedlichen Mengen vergleichen.

Im Freien

Es gibt soviel zu sehen, wenn man das Haus verläßt, daß man es unmöglich alles in einem Buch beschreiben kann. Hier sind trotzdem ein paar Anregungen:

1 Schauen Sie sich mal auf Baustellen um. Wie funktionieren eigentlich Kräne, Flaschenzüge, Bagger - und wozu braucht man z.B. ein Gerüst?

2 Achten Sie auf Müllautos, Busse, Feuerwehrautos, Polizisten und Politessen, Verkehrslotsen, Ampeln, Zebrastreifen. Sprechen Sie darüber, wozu sie da sind oder was sie machen.

3 Besichtigen Sie zusammen den Stadtmarkt und das Postamt.

4 Achten Sie auch auf Plakatanschläge, Neonzeichen, Straßennamen, Hinweisschilder in Läden und in der U-Bahn. Achten Sie auch auf Symbole, die Wörter ersetzen, wie dies z.B. bei Verkehrsschildern oft der Fall ist (Vorsicht - Schulkinder!, Zebrastreifen, Ampelmännchen).

5 Sprechen Sie über das, was Sie gesehen haben, wenn Sie wieder daheim sind. Zur Erklärung helfen Kinderbücher und Spielzeug. Vielleicht schauen Sie sich dann noch im Haus um und fragen Ihr Kind, in welches Geschäft es gehen würde, um bestimmte Dinge zu kaufen.

Mein Rad

Ich habe ein Fahrrad bekommen.
Ein rotes Fahrrad
mit einem Rennlenker
und einem Stoplicht.

Aber:
Im Hof kann ich nicht fahren.
Wegen der Wäsche von der Schestak
und weil es so scheppert,
wenn ich über das Kanalgitter sause.

Auf der Straße darf ich nicht.
Wegen der Leute.
Die werden so böse,
wenn man ihnen über die Zehen fährt.

Am Kirchplatz lassen mich die Alten nicht.
Wegen der Tauben.
Weil dort haben sie Maiskörner gestreut
für die Viecher.

Doch jeden Tag,
nach der Aufgabe,
wenn mir langweilig ist,
sagt meine Mutter:
»Na, geh schön radfahren, Junge!«

Daß ich nicht lache!

Christine Nöstlinger

Was man alles sammeln kann

Fahrscheine, Quittungen, Muscheln, Kieselsteine, Federn, Herbstblätter, Zweige, Tannenzapfen, Nüsse, Gräser, Samen, Kerne und Beeren. (Warnen Sie Ihr Kind bei dieser Gelegenheit davor, wildwachsende Beeren zu probieren oder anzufassen.)

Was man damit machen kann

1 Das »Sammelgut« zum Betrachten in kleine Schachteln legen.

2 Collagen und Modelle daraus machen.

3 Abdrücke herstellen, indem man die Rückseiten von Blättern vorsichtig mit Schuhcreme einreibt und sie dann auf ein Blatt Papier preßt.

4 Vergleichen Sie verschiedene Blätter miteinander und erklären Sie Ihrem Kind, daß viele Bäume im Herbst ihr Laub verlieren – Tannen, Fichten usw. dagegen ihre Nadeln behalten.

5 Stellen Sie ein paar kahle Zweige in eine Vase. Sie können als Stiele für Papierblumen dienen. Man kann die Zweige auch mit verschiedenfarbigen Wollfäden zusammenbinden und so ein »Objekt« fabrizieren.

> Blauer, blauer Fingerhut
> steht der Jungfrau gar so gut,
> Blumen alle Tage.
> Jungfrau, sie muß stillestehn,
> muß sich in dem Kranz umsehn.
> Jungfrau, Jungfrau, tanze
> in dem grünen Kranze!

6 Nehmen Sie Blumen aus Ihrem Garten und legen Sie sie zwischen Löschpapier. (Bitte keine wildwachsenden Pflanzen verwenden, viele sind vom Aussterben bedroht und stehen unter Naturschutz.) Das Ganze unter ein paar schwere Bücher legen und zusammenpressen.

7 Ein Lavendelbüschel aus Ihrem Garten zum Trocknen aufhängen. Später einzelne Zweiglein auf einem Baumwolltuch zerdrücken, das Tuch zusammenbinden. Sie erhalten ein Duftkissen.

Wie Pflanzen wachsen

Betrachten Sie mit Ihrem Kind Samen, die »Flügel« haben. Erzählen Sie ihm, wie der Wind die Samen verstreut, damit sie eine günstige Stelle zum Wachsen finden.

Zeigen Sie ihm auch, daß Pflanzen Wasser brauchen. Blumen dazu in eine durchsichtige Vase stellen und täglich den Wasserstand kennzeichnen.

Pflanzen brauchen Licht; drehen Sie eine junge Pflanze um - die Triebe werden in Richtung Licht sprießen.

Wachsende Bohnen
Ein Einweckglas mit Seidenpapier oder Löschpapier auslegen. Samen von Stangenbohnen oder dikken Bohnen zwischen Papier und Glaswand legen, damit man sie sehen kann. Glas mit Wasser füllen, an einen warmen Ort stellen. Die Bohnen schlagen zuerst Wurzeln, dann bilden sich Keime.

Kresse ziehen

Küchenkrepp oder Wattebausch anfeuchten, auf einen Unterteller legen und mit ein paar Kressesamen bestreuen. Das Ganze warm und feucht halten.

Lassen Sie sich noch andere Behälter einfallen, in denen man Kresse ziehen kann – z.B. Margarinebecher oder sogar Eierschalen – auf die könnte man sogar noch ein Gesicht malen.

> Mein Vater kaufte sich ein Haus,
> An dem Hause war ein Garten,
> In dem Garten war ein Baum,
> Auf dem Baume war ein Nest,
> In dem Neste war ein Ei,
> In dem Ei da war ein Dotter,
> In dem Dotter war ein Hase,
> Der beißt dich in die Nase.

Sprossen

Ein paar getrocknete Mungbohnen in ein Glas legen und ein dünnes Tuch fest darüberspannen. Glas über Nacht in warmes Wasser stellen, so daß es bedeckt ist, dann abtropfen lassen und an einen sonnigen Platz stellen. Die Bohnen pro Tag zweimal mit Wasser abspülen, ohne das Tuch zu entfernen und zusehen, wie sich allmählich Sprossen bilden.

> Guten Tag, Herr Gärtnersmann!
> Haben Sie Lavendel?
> Rosmarin und Thymian,
> und ein wenig Quendel?
>
> Ja, Madam, das haben wir
> hier in unserm Garten;
> wollen Sie so freundlich sein
> und ein wenig warten?

> Mitten im Garten ist
> Ein schönes Paradies,
> Ist so schön anzusehn,
> Daß ich möcht drinnen gehn.
>
> Als ich im Gärtlein war,
> Nahm ich der Blümlein wahr,
> Brach mir ein Röselein,
> Das sollt mein eigen sein.

Wurzelgemüse

Von einer Karotte oder einer Rübe das obere Ende abschneiden. Das untere Stück in einen Teller mit Wasser legen – bald bilden sich neue Blätter.

63

Blumenzwiebeln

Kaufen Sie im Herbst ein paar Blumenzwiebeln und Blumenerde. Die Erde mit etwas Wasser befeuchten, einen Teil davon in eine Schale schütten. Die Blumenzwiebeln mit der breiteren Seite nach unten darauf setzen, die restliche Erde darüberbreiten und fest andrücken. Darauf achten, daß die Blumenzwiebeln ziemlich nah an der Oberfläche sind.

Pflanzen aus Obstkernen

Dazu kann man alle möglichen Obstkerne verwenden, z.B. die von Grapefruits, Äpfeln, Avocados.

In einen Joghurtbecher unten ein Loch bohren, ein paar kleine Steine hineinlegen. Den Rest mit Erde auffüllen und ein paar frische Obstkerne einpflanzen. Becher auf einen Unterteller stellen, ordentlich gießen und nicht direkt der Sonne aussetzen, bis die Kerne zu sprießen anfangen.

Nicht vergessen, die Becher zu kennzeichnen, falls man mehr als eine Sorte Kerne verwendet!

Die Schale etwa zwei Monate lang an einem warmen, dunklen Ort aufbewahren, bis die Keime aus der Erde spitzen. Die Blumenerde immer feucht halten, aber nicht zu stark gießen. Sobald die Keime sichtbar werden, kann man die Schale ans Licht stellen.

Tiere beobachten

Die Tiere direkt zu beobachten macht Spaß, es ist aber auch anregend, herauszufinden, welche Spuren sie hinterlassen.

Fährten
Halten Sie nach Fußabdrücken Ausschau und versuchen Sie herauszufinden, zu welchem Tier sie gehören. Die Fährten von einem Fuchs und einem Hund sind ziemlich ähnlich, sie bilden ein leichtes Zick-Zack-Muster.

Eine Ente dagegen setzt die Füße so auf, daß die Zehen nach innen zeigen; außerdem kann man die Schwimmhäute erkennen.

Ein Spatz kommt immer auf beiden Beinen dahergehüpft, deshalb hinterläßt er paarweise Abdrücke.

Und ein Kaninchen setzt beim Laufen die großen Hinterläufe vor die kleinen Vorderläufe.

Tierbehausungen

Schauen Sie nach Höhlen, Nestern und Spinnennetzen. Aber gehen Sie nicht zu nahe heran, wenn es so aussieht, als würde das Tier seine Behausung noch benutzen.

Fuchs- oder Dachsbauten findet man unter Bäumen mit langen Wurzeln. Kaninchen hausen gern in grasbewachsenen Erdhängen.

Halten Sie in Bäumen und Hekken nach Vogelnestern Ausschau. Im Frühjahr und Sommer sollten Sie die Vögel nicht aufstöbern. Wenn Sie aber im Winter ein verlassenes Nest finden, betrachten Sie es ruhig genauer, um zu sehen, wie es gebaut ist. Im Frühling kann man die Vögel mit Nestbaumaterial im Schnabel beobachten (Strohhalme, Papierfetzen usw.).

Wenn Sie ein Spinnennetz entdecken, schauen Sie, ob die Besitzerin nicht irgendwo in der Nähe lauert. Vielleicht sehen Sie auch eine »Spinnenwiege«, das ist ein engmaschiges Netz zwischen zwei Grashalmen, in das die Spinne ihre Eier legt. Im Sommer entdecken Sie vielleicht auch »Kuckucksspeichel« an Grashalmen oder Pflanzenstielen. Diese weißen Blasen beherbergen die Larven der Schaumzirpe, die sich darin zum Schutz verbergen.

Futterspuren

Halten Sie nach angenagten Tannenzapfen und Nußschalen am Boden Ausschau. Eichhörnchen z.B. brechen Haselnüsse in zwei Hälften, Mäuse dagegen nagen ungleichmäßige Löcher in die Schalen, um an den Kern zu gelangen. Vielleicht finden Sie auch ein zerbrochenes Schneckenhaus in der Nähe eines großen, flachen Steins. Diese Überreste stammen wahrscheinlich von einer Singdrossel, die den Stein benutzt hat, um das Schneckenhaus aufzuknacken. Auch Spinnen hinterlassen oft Überbleibsel von Fliegen, die das Pech hatten, sich in ihren Netzen zu verfangen.

Von Blättern ernähren sich viele kleine Geschöpfe, wie z.B. Raupen und Schnecken. Halten Sie nach angenagten Blättern Ausschau. Auf manchen Blättern kann man weiße oder braune Linien erkennen, die sich über die ganze Oberfläche ziehen. Sie entstehen durch die Maden von Fliegen, die die Blätter von innen her anfressen.

Schauen Sie den Tieren auch direkt beim Futtersuchen zu. Enten z.B. gründeln, sie tauchen den Kopf ins Wasser, um zwischen den Wasserpflanzen herumsuchen zu können.

Schmetterlinge und Bienen sammeln Blütenstaub, Ameisen schleppen ihre Nahrung zu ihrem Haufen...

Vögel beobachten

Lernen Sie die häufigsten Vogelarten kennen – Amseln, Stare, Spatzen, Rotkehlchen, Elstern, Zaunkönige, Drosseln, Meisen und Finken.

Ermuntern Sie Ihr Kind, Futter für die Vögel auf das Fensterbrett zu legen, aber achten Sie darauf, daß sie Samen, Nüsse und Trockenobst bekommen, kein Brot. Manche Vögel mögen Speckschwarten und Käserinden besonders gern.

Das Vogelnest

In der Hecke auf 'nem Ast
baut ein Vogelpaar sein Nest,
legt hinein fünf Eier rund,
beide brüten Stund um Stund,
schlüpfen bald fünf Junge aus,
piepsen gleich zum Nest hinaus:
»Piep-piep-piep, piep-piep, piep-piep,
ach, ihr Alten seid uns lieb!«

nach Friedrich Fröbel

Die Wasserstelz, die schnadert
und fängt der Mucken viel,
sie hört nicht auf zu klappern
mit ihrem Pfannenstiel.

Storch, Storch, Schnibel, Schnabel,
Mit der langen Heugabel,
Mit den langen Beinen!
Wenn die Sonne tut scheinen,
Steht er auf dem Kirchendach,
Klappert, klappert, bis alles wacht.
Storch hat sich aufs Nest gestellt,
Guckt herab auf Dorf und Feld:
»Wird bald Ostern sein?
Kommt hervor, ihr Blümelein,
Komm hervor, du grünes Gras,
Komm herein, du Osterhas,
Komm fein bald und fehl mir nit,
Bring' auch deine Eier mit!«

Eine Futterstation für Vögel

Statt den Vögeln Futter aufs Fensterbrett zu streuen, kann man ihnen auch eine Futterstation bauen. Auf die Kanten eines quadratischen Holzbretts (Seitenlänge ca. 30 cm) Leisten nageln. In jede Ecke einen Haken schrauben, Schnur durchziehen und draußen am Fenster aufhängen.

Man kann auch etwas unten an die Futterstation hängen, z.B. die leeren Hälften einer Kokosnuß, in die man etwas zerlassenes Fett gibt, das man dann wieder fest werden läßt. (Zum Aufhängen bohrt man ein Loch in die Kokosnuß und zieht ein Stück Schnur durch.) Oder man gibt den Vögeln frische Kokosnußspalten. Ungesalzene Erdnüsse mögen sie auch sehr gern. Frisches Wasser nicht vergessen, am besten in ein flaches Näpfchen füllen.

Im Frühjahr kann man den Vögeln Sachen hinlegen, die sie zum Nestbauen brauchen, z.B. Stoffetzchen, Fäden, kleine Zweige, ausgekämmte Haare. In ein Netzsäckchen stopfen und unten an der Futterstation aufhängen. Beobachten, was geschieht!

Tiere halten

Sich um ein Lebewesen kümmern zu dürfen, kann für kleine Kinder ein sehr wichtiges Erlebnis sein. Sie erfahren so nicht nur viel über das Tier, sondern lernen auch, daß ein anderes Lebewesen regelmäßig gehegt und gepflegt werden muß.

Manche kleinen Tiere und Insekten kann man ohne weiteres ein paar Tage lang im Haus halten, z.B. Schnecken, Raupen, Würmer. Benutzen Sie »Käfige«, in denen sie genug Luft bekommen, aus denen sie aber nicht entwischen können. Am besten sind kleine Aquarien oder Einmachgläser, die man mit Mull oder Papier fest abdeckt - bitte viele Luftlöcher hineinbohren!

Raupen

Raupen kann man den ganzen Sommer hindurch sammeln. Achten Sie darauf, daß Sie das Blatt, auf dem eine Raupe sitzt, nicht wegwerfen, sondern füttern Sie sie jeden Tag mit frischen Blättern derselben Sorte.

Nach einer Weile wird sich die Raupe in einen Kokon einspinnen. Ungefähr zwei Wochen später wird sie sich dann als Schmetterling oder Falter »entpuppen« und wegfliegen wollen. Jetzt müssen Sie sie freilassen, sonst stirbt sie.

Manche Raupen und viele Schmetterlinge haben eine schöne Zeichnung. Vielleicht wollen Sie von einem Schmetterling eine Collage aus Seidenpapier basteln. Damit die Flügel seitengleich werden, faltet man ein Stück Papier in der Mitte, malt die eine Hälfte »naß« an und drückt das Papier zusammen, bevor die Farbe trocken ist.

Die kleine Raupe Nimmersatt

Die kleine Raupe Nimmersatt
frißt wochentags nur Blattsalat:
am Montag gibt es Ahornblätter,
am Dienstag schmeckt die Birke netter,
am Mittwoch ist die Zeder gut,
am Donnerstag 's die Dahlie tut,
am Freitag schmatzt sie Eisenhut.
Am Wochenend' sie sich besinnt
und nun was Feines zu sich nimmt:
anstatt der Grünsalate
speist sonntags sie — Tomate!

Raimund Pousset

Rätsel

Habe Beinchen in riesiger Zahl,
Blätter und Moder sind mein Mahl.
Ich kann gehen
und bleib doch stehn,
komm von der Stelle
wie eine Welle.
Wer bin ich?

(Der Tausendfüßler)

71

Schnecken und Heuschrecken

Schnecken findet man im Sommer im Garten und auf freiem Feld. Sie mögen es gern feucht - legen Sie ihnen deshalb ein bißchen nasse Erde ins Einweckglas. Schnecken fressen vor allem nachts, geben Sie Ihnen daher jeden Abend ein paar frische grüne Blätter.

Heuschrecken kann man in Zoohandlungen kaufen. Sie fressen gewöhnlich Ligusterblätter - aber erkundigen Sie sich vorsichtshalber beim Verkäufer.

Spinnen

Spinnen kann man im Gebüsch oder im Haus fangen. Am besten eine Pappschachtel benutzen, damit ihnen nichts passiert.

Da man eine Spinne nur ein paar Tage lang gefangen halten sollte, braucht sie nichts zum Fressen - außer, Sie fangen ihr ab und zu eine kleine Fliege.

Die Spinne vorsichtig in ein großes Glas setzen, vorher einen kleinen Behälter mit nasser Watte hineinstellen.

Legen Sie der Spinne noch einen kleinen Ast mit ein paar Zweiglein dazu, vielleicht webt sie Ihnen ein Netz.

Und so bastelt man ein Spinnennetz: Man braucht Holzbrett, Pinnwandstifte und Faden.

1. Auf ein quadratisches Holzbrett (Seitenlänge 20 cm) eine Spirale aufzeichnen.
2. Stifte wie unten abgebildet strahlenförmig in das Brett schlagen.
3. Jeden Stift mit dem Faden umwickeln: von innen nach außen. Die äußeren sieben Stifte der Spirale freilassen.
4. Dann die restlichen Stifte miteinander verbinden, so daß die strahlenförmigen Linien eines Spinnennetzes entstehen.

Würmer

Ein oder zwei Würmer im Garten oder auf freiem Feld fangen. Wenn man ein kleines Graspolster kräftig gießt, kommen die Würmer meistens schnell zum Vorschein.

1 In ein großes Glas abwechselnd feuchten Sand und Erde schütten und zwar bis ca. 2,5 cm unter den Rand. Ein paar Blätter darauflegen und das Glas mit Packpapier umwickeln, um das Licht abzuschirmen. Würmer auf die Blätter legen, ein Papier mit Luftlöchern über den Glasrand spannen und festbinden, dann das Glas wegstellen.

Nach ein, zwei Tagen das Packpapier entfernen und das Muster betrachten, das die Würmer in die Erde gegraben haben. Vor allem aber auf den Wurmhumus achten!

2 Einen Wurm auf ein Blatt Papier legen und beobachten, wie er seinen Körper zusammenzieht und wieder streckt, um sich vorwärts zu bewegen.

Spinne, Kröte, Vöglein

Schnipp, schnapp, schnetz,
die Spinne hockt im Netz.
Ri, ra, rein,
die Kröt' hockt auf dem Stein.
Tri, tra, traum,
das Vöglein hockt im Baum.

Kringelschnecke in der Hecke,
dich erwischt niemals 'ne Zecke.
Doch mit meinem Steckchen,
bereit' ich dir ein Schreckchen.
Streck' mal deine Hörner aus:
Zuck,
zurück, in dein Haus!

Till Hasreiter

Kaulquappen

Zuerst den Froschlaich in einem Glas auffangen. Man findet ihn im Frühsommer am Rand von Tümpeln und Teichen. Den Froschlaich in Tümpelwasser aufbewahren.

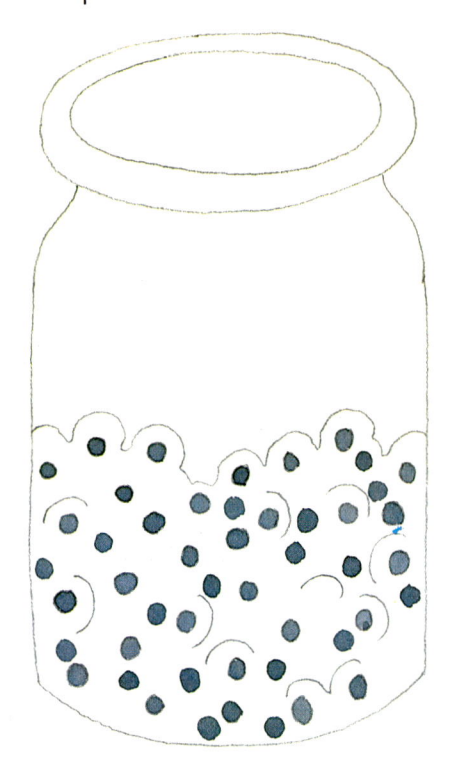

Kaulquappen holen sich Sauerstoff aus dem Wasser, daher ist es besser, sie daheim in einen Behälter mit weiter Öffnung zu setzen. Geben Sie ihnen außerdem reichlich Grünzeug, das Sie aus dem Tümpel geschöpft haben, und legen Sie ein, zwei große Steine dazu. Später, wenn die Kaulquappen sich in Frösche verwandeln, müssen sie aus dem Wasser klettern, um atmen zu können.

Es ist sehr spannend zuzusehen, wie aus dem Froschlaich Kaulquappen entstehen. Zuerst fressen sie die Gallerte, die ihre Eier umgibt, dann winzige Tiere, die im Teichwasser schwimmen. Sorgen Sie für reichlich Nachschub an Algen und Teichwasser.

Sobald sich bei den Kaulquappen Beine bilden, können Sie sie mit rohen Fleischstückchen füttern, aber fischen Sie die Überreste aus dem Wasser, damit sie nicht verderben.

Wenn die Vorderbeine größer werden und die Schwänze anfangen zu schrumpfen, ist es an der Zeit, sie wieder zum Teich zurückzubringen. Ab jetzt werden sie immer mehr Zeit außerhalb des Wassers verbringen, bis sie schließlich zu richtigen Fröschen ausgewachsen sind.

Bei jedem Wetter

An sonnigen Tagen

1 Eine große Sonne kann man ganz einfach malen - einen dicken Farbklecks auf ein Blatt Papier tropfen lassen und mit den Fingern Strahlen nach außen ziehen.

2 Gartenpfade kann man sehr schön mit Wasser bemalen, wenn man dafür ganz breite Pinsel benutzt.

3 Was fällt Ihren Kindern alles ein, womit sie sich abkühlen können? Eiscreme, Eiswürfel, kalte Dusche, Gartenschlauch …

4 Seinen eigenen Schatten betrachten: Wann ist er kürzer oder länger? Fällt er immer in dieselbe Richtung? Wie sieht er aus, wenn man springt, läuft, tanzt, andere Leute überholt?

Man kann den Schatten von jemand anders auch auf einen großen Bogen Papier malen - oder mit Wasser auf den Gartenweg.

Regenbogen

In Wassertropfen gebrochenes Sonnenlicht = ein Regenbogen.

1️⃣ Man kann ihn selbst machen. An einem sonnigen Tag stellt man ein Glas Wasser auf das Fensterbrett und zwar genau an den Rand. Jetzt müßte auf dem Boden ein Regenbogen zu sehen sein. Oder man stellt sich mit dem Rücken zur Sonne und schaut durch den Sprühregen aus einem Gartenschlauch.

2️⃣ Schneiden Sie aus einem Karton einen Kreis aus und unterteilen Sie ihn in sieben Felder - für jede Farbe des Regenbogens eines. Wie oben angegeben ausmalen, ein kleines Loch in die Mitte bohren, einen Bleistift durchstecken und kreiseln lassen.

Wenn es wolkig ist

1️⃣ Basteln Sie ein Bild von einem Wolkenhimmel, indem Sie Wattewolken auf ein Stück Papier kleben. Entwickeln Sie dieses Thema weiter - kleben Sie Restchen von verschieden dicken Stoffen darunter und malen Sie Kopf, Hände und Füße dazu: warmangezogene Leute.

2 Schauen Sie sich mit Ihrem Kind verschiedene Wolkenarten an. Langgestreckte Federwolken bedeuten gewöhnlich gutes Wetter. Cumuluswolken, die wie Wattebäusche aussehen, bedeuten gutes Wetter, wenn sie klein sind, Regenschauer dagegen, wenn sie groß und grau sind. Eine graue oder weiße Wolkendecke (sog. Stratuswolken) bedeutet gewöhnlich Regen.

Wenn es regnet

1 Ein dünnes Blatt Papier mit der Oberfläche nach oben ein paar Sekunden lang aus dem Fenster halten. Dann auf den Tisch legen, bis es die Regentropfen aufgesaugt hat. Wenn man das Papier ans Licht hält, kann man sehen, welches Muster die Regentropfen gemacht haben.

2 Sprechen Sie darüber, was mit den Flüssen passiert, wenn es regnet. Wohin fließt das ganze Regenwasser von den Dächern, Straßen, Hügeln?

Wenn es windig ist

1 Beobachten Sie mit Ihrem Kind, wie der Wind Äste bewegt, Drachen steigen läßt, Rauch fortbläst. Welche anderen Dinge kann man noch sehen, die vom Wind bewegt werden?

2 Im Freien kann man einen nassen Finger in die Luft halten - die Seite, die zuerst kalt wird, ist die, gegen die der Wind bläst.

3 Schauen Sie zu, wie Wolken sich bewegen.

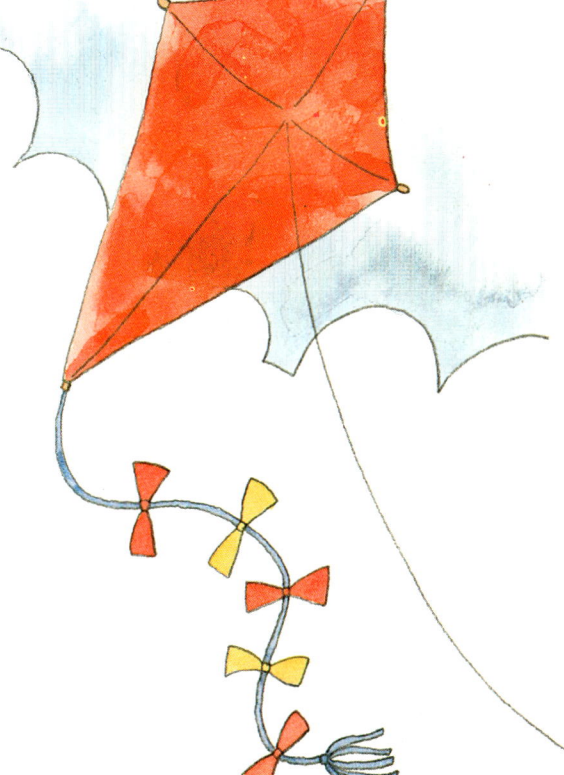

Bei Schnee und Eis

1 Sammeln Sie ein Glas voll Schnee. Wenn er schmilzt, wieviel Wasser gibt es dann? Mehr oder weniger als erwartet?

2 Schneeflocken kann man auch einmal durch eine Lupe betrachten.
Oder man bastelt sie selbst: Ein Blatt Papier zu Vierteln falten und beliebige Formen herausschnipseln.

3 Einen Eimer voll Wasser über Nacht draußen stehen lassen, so daß das Wasser friert. Morgens mit einem Hammer ein Loch ins Eis schlagen. Wie dick ist die Eisschicht? Was ist darunter?

4 Wer räumt eigentlich den Schnee von den Straßen?

5 Betrachten Sie Fußspuren im Schnee. Sind welche darunter, die von Vögeln oder anderen Tieren stammen könnten?

6 Was geschieht mit dem Körper, wenn es draußen kalt ist? Wieso kann man auf einmal seinen Atem sehen? Warum bekommt man rote Backen?

Einen Wetterkalender basteln

Einen Satz kleinerer Bilderkärtchen basteln und mit Büroklammern an einem Karton festklemmen. Je eine Karte:

1 Für jeden der sieben Wochentage.

2 Sieben verschiedene Arten von Wetter - sonnig, bewölkt, regnerisch, neblig, trüb, windig, und Schneewetter.

3 Für jede Jahreszeit. Der Wind kann Ihnen dabei helfen, Bilder auf die Kärtchen zu zeichnen oder aus Zeitungsausschnitten Collagen zu basteln, um die Begriffe zu illustrieren.

Bewahren Sie die Karten in einer Schachtel auf und lassen Sie Ihr Kind für jeden Tag die passenden Karten auswählen.

Die Jahreszeiten

Basteln Sie große Collagenbilder, die die Jahreszeiten darstellen sollen. Verwenden Sie sowohl Zeichnungen, die Ihr Kind gemacht hat, als auch Bilder aus Zeitschriften und Gegenstände, z. B. Blätter, die Sie auf Spaziergängen gemeinsam gesammelt haben.

Erzählen Sie Geschichten, die in der jeweiligen Jahreszeit spielen, z. B. »Im Winter spazieren gehen«, »Was das Eichhörnchen im Herbst macht«, »Das Rotkehlchen im Frühjahr«.

Heben Sie dabei hervor, was für jede Jahreszeit besonders charakteristisch ist. Wenn Sie vom Herbst erzählen, erwähnen Sie fallende Blätter, Kartoffelfeuer, Nebel.

Wenn Ihre Geschichte im Winter spielt, erzählen Sie von Frost, Schnee, kahlen Zweigen, Tieren, die Winterschlaf halten, langen Nächten und kurzen Tagen - und natürlich von Weihnachten.

Und im Frühjahr von Knospen, Krokussen, Narzissen, Ostereiern und Aprilschauer.

Im Sommer dann von Blumen, Bienen, Erdbeeren, Picknicks, Strandausflügen, Badesachen, Planschbecken.

Drei Rosen

Drei Rosen im Garten,
drei Tannen im Wald,
im Sommer ist's lustig,
im Winter ist's kalt.

Der Wind

Husch, husch, husch,
der Wind geht kalt,
Bauer flick die Hosen bald!
Wenn die Hosen zerrissen sein,
geht der Wind zum Loch hinein.

Sachen zum Anziehen

1 Nehmen Sie verschiedene Kleidungsstücke aus dem Schrank und erklären Sie, was sich für welches Wetter eignet. Lassen Sie Ihr Kind Anziehsachen sortieren: Sommer- und Winterkleider, Kleider für Regenwetter, Sport und Fasching etc.

2 Basteln Sie aus Papier Puppenkleider für jedes Wetter (siehe Seite 26).

3 Betrachten Sie Abbildungen von Tierfellen und Vogelfedern. Welche Tiere bekommen im Winter einen dichteren Pelz? Tropfen Sie etwas Wasser auf eine Feder, um zu zeigen, daß sie wasserdicht ist.

4 Bekleben Sie drei große Spielklötze aus Holz mit weißem Papier oder basteln Sie drei Würfel aus Karton (siehe Abbildung auf Seite 109). Auf den ersten Würfel sechs Köpfe malen, einen pro Seitenfläche. Auf den zweiten sechs Oberkörper und Arme, auf den dritten sechs Unterkörper und Beine.

Ziehen Sie jede Figur anders an, damit man sie gut auseinanderhalten kann, z.B. oben Sonnenhut, unten Sommerkleid; oben Regenmantel, unten Gummistiefel; oben Schwesternhäubchen, unten Schwesterntracht usw.

Die Würfelseiten dann so zusammensetzen, daß die richtigen Figuren herauskommen – oder auch alles bunt durcheinandermischen.

Was paßt zusammen?

Farben

1 Beliebige Gegenstände nach Farben sortieren, zum Beispiel Wäschestücke. Erklären Sie Ihrem Kind die verschiedenen Farben.

2 Malen Sie sechs unterschiedliche Farben links auf ein Blatt Papier, dann dieselben Farben in anderer Reihenfolge an den rechten Rand. Lassen Sie Ihr Kind die sich entsprechenden Farben mit Bleistiftstrichen verbinden. Dasselbe läßt sich mit auf Papier aufgeklebten Fruchtkernen oder dergl. machen.

3 Zeichnen Sie zwei Reihen mit je sechs Kreisen. Malen Sie die erste Reihe selbst aus. Ihr Kind übernimmt die zweite Reihe: dieselben Farben, dieselbe Abfolge.

4 Sammeln Sie Abbildungen aus Zeitschriften. Schneiden Sie von jedem Bild ein Stück ab. Mischen Sie die Bilder und Ausschnitte. Bitten Sie Ihr Kind, sie wieder zusammenzusetzen.

Ein Farbenspiel

Sie basteln aus Pappe einen Kreisel (siehe Seite 109). Die Oberfläche des Kreisels unterteilen Sie in sechs Farbflächen. Sie können auch die sechs Seitenflächen eines Würfels nehmen. Jetzt unterteilen Sie eine quadratische Fläche, die Sie auf einem Stück fester Pappe angelegt haben, in 20 kleinere Quadrate. Diese malen Sie in beliebiger Folge mit denselben Farben aus, die Sie für den Kreisel oder den Würfel verwendet haben. Start- und Zielquadrat markieren und ein paar Pfeile aufmalen, damit die Spielrichtung zu erkennen ist. Jetzt brauchen Sie noch ein paar Spielmarken gleich welcher Beschaffenheit. Nur unterscheidbar müssen sie sein. Gespielt wird so: Jeder Mitspieler bekommt eine Marke. Alle kreiseln oder würfeln der Reihe nach. Wer nun z. B. Rot würfelt, darf auf das nächste in Pfeilrichtung gelegene rote Feld vorrücken. Wer Grün würfelt, verhält sich entsprechend usf. Wer als erster das Zielquadrat erreicht, hat gewonnen.

Damit das Spiel noch spannender wird, kann man ein paar Schlangen und Leitern dazumalen - wer auf ein Quadrat mit einer Leiter gerät, darf aufsteigen, wer dagegen das Pech hat, eine Schlange zu erwischen, rutscht dorthin zurück, wo ihr Schwanzende ist.

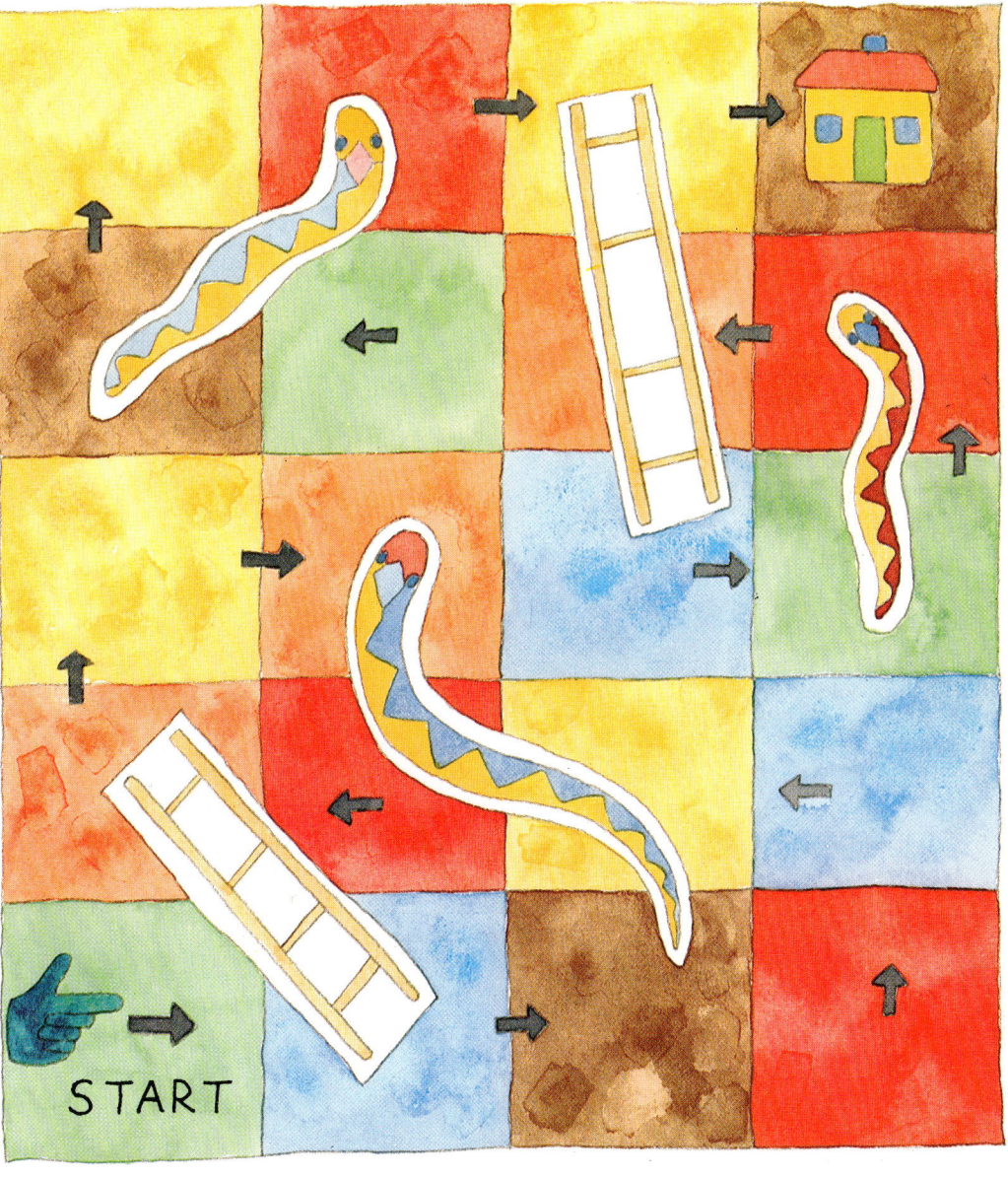

Formen

1 Halbieren Sie eine Frucht und zeigen Sie Ihrem Kind, wie die beiden Hälften zusammenpassen.

2 Sie legen ein großes Stück Papier in mindestens 5 cm breite Falten. Schneiden Sie aus dem gefalteten Papier eine beliebige Figur heraus. Auf beiden Seiten muß ein Teil des Falzes stehenbleiben. Jetzt ziehen Sie das Papier wieder auseinander. Sie erhalten eine Girlande genau gleicher Figuren.

3 Kleben Sie ein paar einfache Formen (Kreise, Dreiecke, Quadrate etc.), die Sie vorher aus Buntpapier ausgeschnitten haben, auf den linken Rand eines Papierblattes. Kleben Sie dieselben Formen in anderer Reihenfolge auf den gegenüberliegenden Rand. Lassen Sie Ihr Kind die Paare herausfinden und mit Bleistiftstrichen verbinden.

4 Finden Sie in Ihrer Umgebung Beispiele für jeden der unten abgebildeten Körper. Benennen Sie sie. Aus welchen Grundformen sind diese Körper aufgebaut?

5 Zeichnen Sie vier Gegenstände auf festes Papier. Vielleicht einen Bleistift, eine Flasche, eine Müsli-Packung und einen Ball. Schneiden Sie die Bilder aus. Dann malen Sie für jeden dieser Gegenstände einen »Behälter« und schneiden diese Bilder ebenfalls aus: für den Ball einen Sack, für die Müsli-Packung eine Tüte und so weiter. Achten Sie darauf, daß Ihr Kind leicht erkennen kann, welcher Gegenstand in welchen »Behälter« paßt.

Zwei Tauben

Es sitzen zwei Tauben auf einem Dach.
Die eine flog weg,
die andre flog weg,
die eine kam wieder,
die andre kam wieder.
Da saßen sie alle beide wieder.

Größen

Kann Ihr Kind mit Größenbezeichnungen wie groß, klein, kurz, lang etwas anfangen? Malen oder kleben Sie Bildpaare gleicher Gegenstände, aber unterschiedlicher Größe auf ein großes Blatt Papier, um die Bedeutung von groß und klein, lang und kurz, dick und dünn zu veranschaulichen. Kreisen Sie die »kleinsten«, »kürzesten«, »dünnsten« Gegenstände ein.

1 Schneiden Sie aus Pappkarton zwei Karten aus – eine größere und eine kleinere. Schreiben Sie die Worte »größer« und »kleiner« in unterschiedlich großen Buchstaben auf die Karten, damit auch Kinder, die noch nicht lesen können, klarsehen.

Nehmen Sie jetzt zwei Gegenstände, die dieselbe Form, aber verschiedene Größen haben, z. B. einen Suppenlöffel und einen Teelöffel. Legen Sie den Suppenlöffel auf die Karte, auf der »größer« steht und den Teelöffel auf die Karte mit der Aufschrift »kleiner«. Machen Sie dasselbe mit anderen Gegenständen, zum Beispiel einem Fuß- und einem Tennisball, einem Pfennig- und einem Markstück, einer großen und einer kleinen Schüssel. Vergleichen Sie die Gegenstände. Der Art nach sind sie gleich; der Größe nach verschieden. Gibt es weitere Unterschiede? Welche?

2 Sammeln Sie Büchsen oder Schraubgläser mit Deckeln. Deckel abschrauben, durcheinandermischen. Wer weiß, welcher Deckel wohin gehört?

3 Sammeln Sie ein paar klitzekleine Gegenstände - Sachen, die Ihrer Meinung nach in eine Streichholzschachtel passen und solche, die nicht hineingehen. Lassen Sie Ihr Kind ausprobieren, ob Sie rechthatten.

4 Diesmal nehmen Sie flache, längliche Gegenstände - Sachen, die durch einen Briefschlitz passen müßten und solche, die wahrscheinlich nicht durchgehen. Schneiden Sie einen Spalt in eine Schuhschachtel, der so groß ist wie ein Briefkastenschlitz. Lassen Sie Ihr Kind versuchen, die Sachen durch den Schlitz zu schieben.

Dieses Spiel läßt sich beliebig variieren.

5 Stellen Sie verschieden große Bücher auf einen Tisch. Sortieren Sie sie zusammen mit Ihrem Kind der Größe nach.

Spielerei

1 Malen Sie drei unterschiedlich große Frauen auf je ein Blatt Papier. Bitten Sie Ihr Kind, die Frauen der Größe nach zu ordnen und aneinanderzureihen.

2 Als nächstes zeichnen Sie drei Topfblumen unterschiedlicher Größe. Wieder ordnen.

Jetzt bitten Sie Ihr Kind, alle sechs Zeichnungen durcheinander zu mischen und so zu ordnen, daß die größte Frau die größte Blume erhält usw.

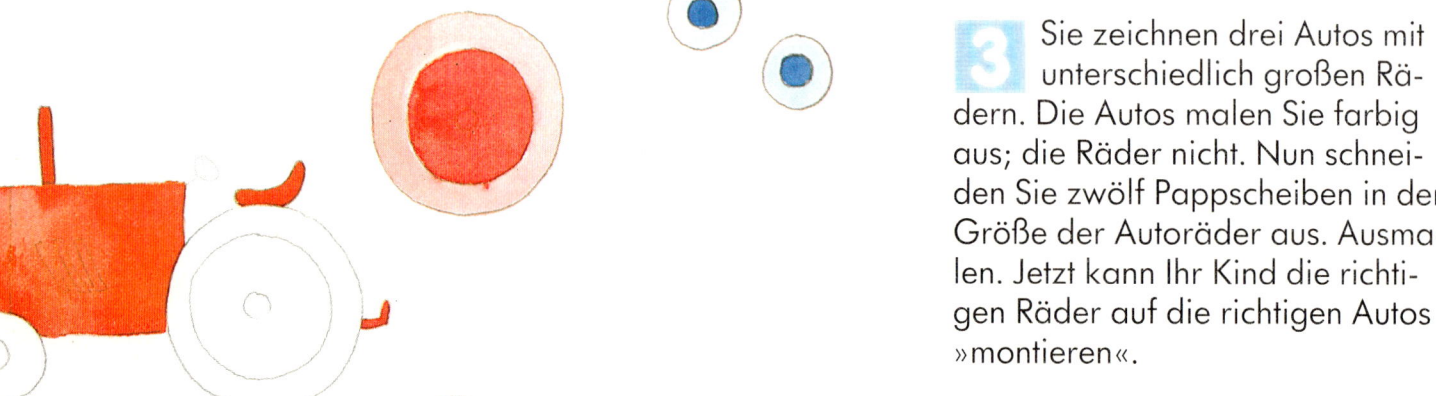

3 Sie zeichnen drei Autos mit unterschiedlich großen Rädern. Die Autos malen Sie farbig aus; die Räder nicht. Nun schneiden Sie zwölf Pappscheiben in der Größe der Autoräder aus. Ausmalen. Jetzt kann Ihr Kind die richtigen Räder auf die richtigen Autos »montieren«.

Das Bärenspiel

Sie schneiden 12 gleich große Karten aus und bemalen sie: Je eine mit Vater Bär, Mutter Bär und Baby Bär. Zu jeder Bärenkarte gehört je eine Karte mit Haferbreischüssel, Kuschelbett und Polstersessel bzw. Kinderstühlchen. Alles in drei unterschiedlichen Größen malen. Die Karten sortieren und zuordnen. Dann damit spielen: Wer kriegt seinen Brei zuerst? usf.

Was paßt zusammen?

Chinesisches Puzzle

Aus buntem Karton schneidet man geometrische Formen aus; auf Seite 97 finden sich Beispiele. Die Formen auf einem Blatt Papier so anordnen, daß einfache Bilder entstehen: Boot, Lokomotive, Eisenbahn. Die Umrisse der »Bilder« nachzeichnen. Jetzt die Formen vom Papier abnehmen und mischen. Die Mitspieler versuchen, nur mit den Umrißzeichnungen als Vorlage, die »Bilder« wiederherzustellen.

Chinesisches Puzzle ist bei uns als »Tangram« bekannt geworden. Für Liebhaber gibt es Bücher mit Tausenden von teilweise sehr komplizierten Vorlagen.

Oder: Sechs geometrische Grundformen in größerer Zahl ausschneiden. Je eine auf je eine Seite eines Würfels aufkleben.

Nun bekommt jeder Spieler eine Bildvorlage, wie oben beschrieben. Die Spieler würfeln der Reihe nach. Die erwürfelte Form muß jeweils in die eigene Bildvorlage eingebaut werden. Mißlingt das, muß der Spieler aussetzen und warten, bis er wieder an der Reihe ist. Wer sein Bild zuerst vollständig zusammengesetzt hat, ist der Sieger.

Schattenbilder

Zwölf Bilder mit klaren Umrissen auf dicken Karton kleben und ausschneiden. Auf einem zweiten Stück Pappe die Konturen jedes Bildes nachzeichnen und schwarz ausmalen. Ausschneiden und versuchen, herauszufinden, welches Bild zu welchem Schatten gehört.

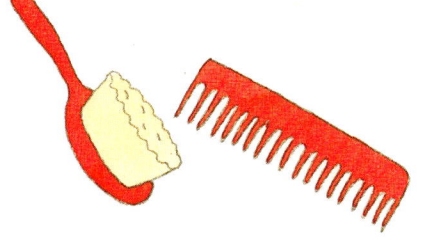

Paare bilden

Sammeln Sie Bilder von Gegenständen, die zusammengehören, zum Beispiel Spinne und Netz, Telefon und Hörer usw. Bilder mischen und so sortieren, daß die richtigen Paare zusammenkommen. Das läßt sich mit vielerlei Gegenständen machen: Messer und Gabel, Tasse und Unterteller usw.

Kuddelmuddel

1 Basteln Sie Karten, die von verschiedenen Bildern je die Hälfte zeigen, z. B. Kopf- und Hinterteil von Tieren oder Vorder- und Rückteil von einem Auto, Karten durcheinandermischen, zusammenpassende Hälften suchen.

2 Werfen Sie vielerlei Schuhe (Stiefel, Sandalen, Hausschuhe) wild durcheinander auf einen Haufen und lassen Sie Ihr Kind herausfinden, welche Paare zusammengehören. Das läßt sich auch mit Abbildungen von Schuhen machen, die ausgeschnitten und auf Pappe geklebt werden.

3 Basteln Sie selbst ein Buch! Sie falten vier Bogen Papier in der Mitte; am Falz nähen Sie die Bögen zusammen. Dann ziehen Sie auf jeder Seite längs zwei leichte Bleistiftstriche in 4 bis 5 cm Abstand. Achten Sie darauf, daß der Rand an jeder Seite gleich breit wird. Mit zwei quer gezogenen Strichen jedes Blatt dritteln. Malen Sie nun auf jede Seite eine andere Figur, und zwar so, daß sich die Köpfe der Figuren im ersten, die Körper im zweiten und die Beine im dritten Drittel der Bilder befinden. Bei der Breite der Figuren orientieren Sie sich an den Längsstrichen. Jetzt noch die Seiten, wie abgebildet, aufschneiden: fertig. Ihr Kind hat ein lustiges Klappbilderbuch zum Spielen und Blättern.

Puzzles

Nehmen Sie ein einfaches Bild, zum Beispiel die Vorderseite einer Weihnachtskarte, das Deckblatt eines Notizblockes oder den Deckel einer Pralinenschachtel.

Ziehen Sie das Bild, falls nötig, auf Karton auf, damit es nicht verknittern kann und lassen Sie es Ihr Kind genau betrachten.

Ziehen Sie eine breite Grenzlinie um das ganze Bild herum - so erkennt man leichter, wo der Rand und die Ecken sind. Dann schneiden Sie das Bild zunächst in vier Teile. In dem Maße, in dem Ihr Kind geschickter wird, steigern Sie natürlich die Anzahl. Achten Sie darauf, daß jedes Teil einen Hinweis darauf enthält, wo es hingehört. Benützen Sie ein Federmesser, damit die Kanten gerade werden.

Schneiden Sie aus kräftiger Pappe einen Rahmen zu, der um das Bild herumpaßt. Lassen Sie Ihr Kind die Puzzleteile in diesem Rahmen zusammenfügen.

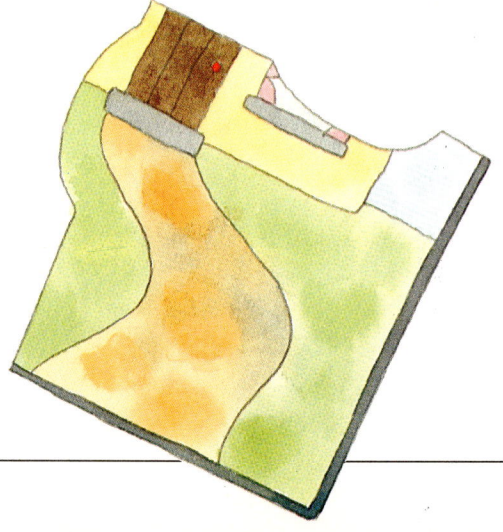

Spielkarten basteln

Auch Spielkarten kann man leicht selber basteln. Ob Sie für Ihre Karten Buchstaben, Zahlen oder Bilder verwenden, hängt davon ab, wieviel Ihr Kind bereits weiß und kann. Für ein Kleinkind sollte man unkomplizierte Formen und Bilder wählen, für ein Kind, das gerade lesen und rechnen lernt, Zahlen, Buchstaben und einfache Wörter.

Auf den folgenden Seiten finden Sie Vorschläge für allerlei Kartenspiele, einfache und etwas schwierigere. Zunächst aber ein paar allgemeine Hinweise, wie man Karten selbst bastelt.

Empfohlene Kartengröße
8 x 6 cm ist die handlichste Kartengröße, auch zum Dominospielen (s. S. 102) - dann zwei Bilder je Karte, Strich in die Mitte.

Kartenbilder

1 Formen. Pausen Sie die Formen auf der vorhergehenden Seite auf Pappkarton.

2 Bilder. Lassen Sie sich von den Bildern auf den folgenden Seiten anregen. Auf Seite 147-148 finden Sie außerdem Tierbilder, die Sie abmalen oder abpausen können.

3 Zahlen. Benutzen Sie anfangs nur Zahlen von 0-10 und achten Sie darauf, daß sie gut lesbar sind.

4 Buchstaben. Am Anfang nur Großbuchstaben benutzen! Unbedingt groß und deutlich schreiben.

5 Worte (zum Schnipp-Schnapp-Spielen - siehe Seite 101). Verwenden Sie Wörter, die Ihr Kind gut kennt. Ebenfalls nur Großbuchstaben benutzen.

Farbfamilien

Sie können Ihrem Kind helfen, zueinanderpassende Karten zu finden, indem Sie Farbfamilien einführen. Sie halten beispielsweise alle Karten einer Serie in Rot, die einer anderen Serie in Blau usw.

Mehr daraus machen

Wenn Sie für ein bestimmtes Spiel Karten basteln, überlegen Sie, ob man die Karten eventuell auch für andere Spiele benutzen könnte. Wählen Sie Bilder, die sich einander so zuordnen lassen, wie Schuhe und Socken. Zeichnen Sie Gegenstände, mit denen Ihr Kind gerade Bekanntschaft gemacht hat. Für die Spiele auf den nächsten drei Seiten kann man beliebig Formen-, Bilder-, Zahlen- oder Buchstabenkarten verwenden.

Kartenspiele

Memory

Einen Satz Karten aus 12 Paaren basteln, also 24 Karten insgesamt. Mit der Rückseite nach oben auf dem Tisch verteilen.

So wird gespielt: Der erste Teilnehmer deckt zwei beliebige Karten auf. Wenn es ein Paar ist, kann er sie behalten. Wenn nicht, dreht er sie wieder um und läßt sie dort, wo sie ursprünglich gelegen haben und versucht sich einzuprägen, was darauf war. Jetzt kommt der nächste Spieler an die Reihe. Wer zum Schluß die meisten Paare besitzt, hat gewonnen.

Für Kleinkinder: Um ein Kleinkind mit diesem Spiel vertraut zu machen, sollte man mit drei Kartenpaaren anfangen und allmählich mehr dazunehmen.

Lotterie

Ein Spiel für zwei Spieler. Zwei gleiche Kartensätze zu je 12 Karten basteln. Einen Satz mit der Rückseite nach oben auflegen. Den zweiten Satz an die Spieler verteilen und aufdecken. Jeder Spieler nimmt abwechselnd eine Karte vom Stoß. Stimmt sie mit einer seiner Karten überein, darf er sie behalten. Anderenfalls kommt die Karte zurück in den Stoß. Wer als erster alle sechs Paare komplett hat, hat gewonnen.

Quartett

Basteln Sie 24 Karten - sechs Sätze mit jeweils vier gleichen Karten. Jeder Spieler erhält sechs Karten, den Rest legt man umgekehrt auf einen Stapel. Jeder Spieler versucht, möglichst rasch möglichst viele »Quartette«, also vier gleiche Karten zu bekommen.

So wird gespielt: Der erste Spieler verlangt von einem anderen eine Karte, die zu denen, die er in der Hand hält, paßt; zum Beispiel eine Karte mit dem Bild einer Katze, wenn er schon zwei Katzenkarten hat.

Wenn der andere Spieler die Karte hat, muß er sie dem ersten Spieler geben, der dann weitermachen darf. Wenn der andere dagegen die verlangte Karte nicht besitzt, nimmt der erste Spieler eine Karte vom Stapel und der nächste Spieler ist an der Reihe. Sobald ein Spieler einen vollständigen Satz zusammenhat, legt er ihn ab. Sieger ist, wer am Schluß die meisten Quartette vorweist.

Schnippschnapp

Basteln Sie 24 Karten - sechs Sätze mit je vier gleichen Motiven. Karten mischen, unter die Spieler verteilen, die sie, Rückseite nach oben, vor sich aufstapeln. Kein Spieler darf sehen, welche Karten er hat!

So wird gespielt: Jeder nimmt eine Karte von seinem Stapel und deckt sie auf. Wenn zwei gleiche Karten erscheinen, müssen die Spieler »Schnippschnapp« rufen. Der Spieler, der zuerst losschreit, erhält sämtliche aufgedeckten Karten und legt sie unter seinen Stapel.

Gewonnen hat, wer bei Spielende entweder die meisten Karten vorweist oder wer sich alle Karten hat schnappen können.

Anmerkung: Quartett und Schnippschnapp lassen sich mit mehr als vier Personen spielen, wenn man mehr als sechs Kartensätze verwendet.

Kinderdomino

Basteln Sie einen Satz aus 28 Karten und benützen Sie dazu sieben verschiedene Zahlen oder Buchstaben oder Bilder. Die Verteilung dieser Symbole auf den Karten richtet sich nach der Abbildung gegenüber. Legen Sie sämtliche Dominokarten umgekehrt auf den Tisch. Jeder Spieler nimmt acht Karten, die er sich anschauen darf. Die restlichen Karten bleiben umgekehrt auf dem Tisch liegen.

So wird gespielt: Der erste Spieler deckt eine seiner Karten auf. Wenn der zweite Spieler eine Karte in der Hand hält, die dazupaßt, legt er sie neben die Karte des ersten Spielers. Die Karten passen zueinander, wenn wenigstens ein Symbol auf jeder der beiden Karten identisch ist. Ist das nicht der Fall, muß der zweite Spieler eine Karte vom Stapel nehmen, und der nächste Spieler darf weitermachen.

Wer als erster keine Dominokarte mehr übrig hat, hat gewonnen.

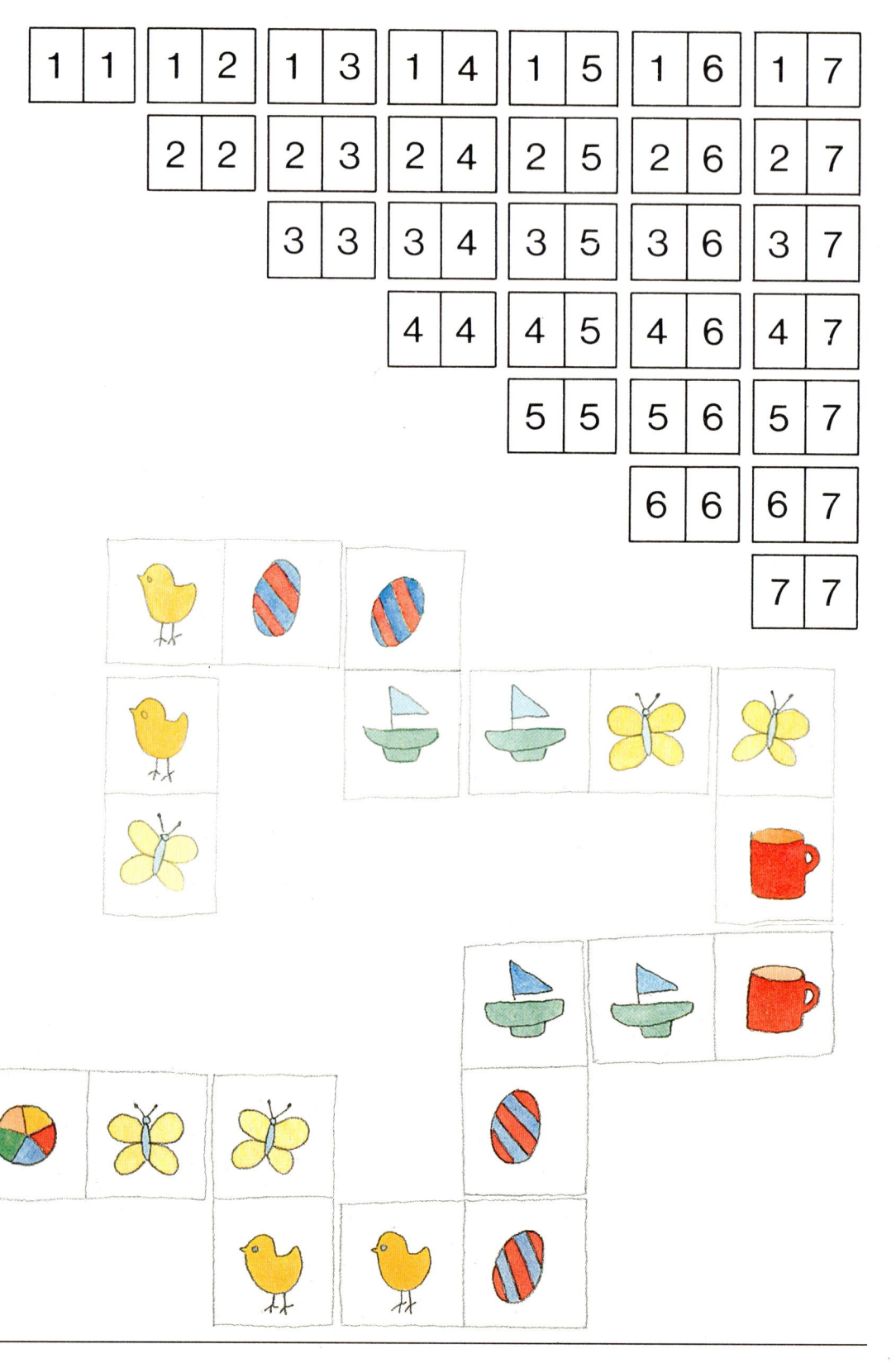

1	1	1	2	1	3	1	4	1	5	1	6	1	7
		2	2	2	3	2	4	2	5	2	6	2	7
				3	3	3	4	3	5	3	6	3	7
						4	4	4	5	4	6	4	7
								5	5	5	6	5	7
										6	6	6	7
												7	7

4 Zahlen und zählen

Die Bedeutung von Zahlen

Benutzen Sie alltägliche Gelegenheiten, um Ihrem Kind zu erklären, was Zahlen bedeuten und wie man sie verwendet.

Wenn Sie zum Beispiel den Tisch decken, können Sie

1 erklären, was man unter »eins« versteht, z.B. »ein Messer für Mami«, »ein Messer für Papi« usw.;

2 verschieden große Stapel von Tellern vergleichen;

3 Ihrem Kind klarmachen, daß Anzahl nichts mit Größe zu tun hat. Ist viermal von irgend etwas genauso groß wie viermal von etwas anderem? Tragen Sie zuerst vier Teelöffel ins Zimmer, dann vier Stühle.

Zählen

1 Zählen Sie je ein Häufchen Knöpfe, Reiskörner, Rosinen oder ähnliches in einen Becher oder auf eine Untertasse.

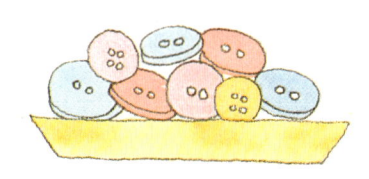

2 Machen Sie Hand- und Fußabdrücke von Ihrem Kind und lassen Sie es Finger und Zehen abzählen.

3 Malen oder basteln Sie »Zählbilder«, z.B. Kerzen am Weihnachtsbaum, Erbsen in der Schote, eine Schar Vögel, Eier im Nest, Räder am Zug.

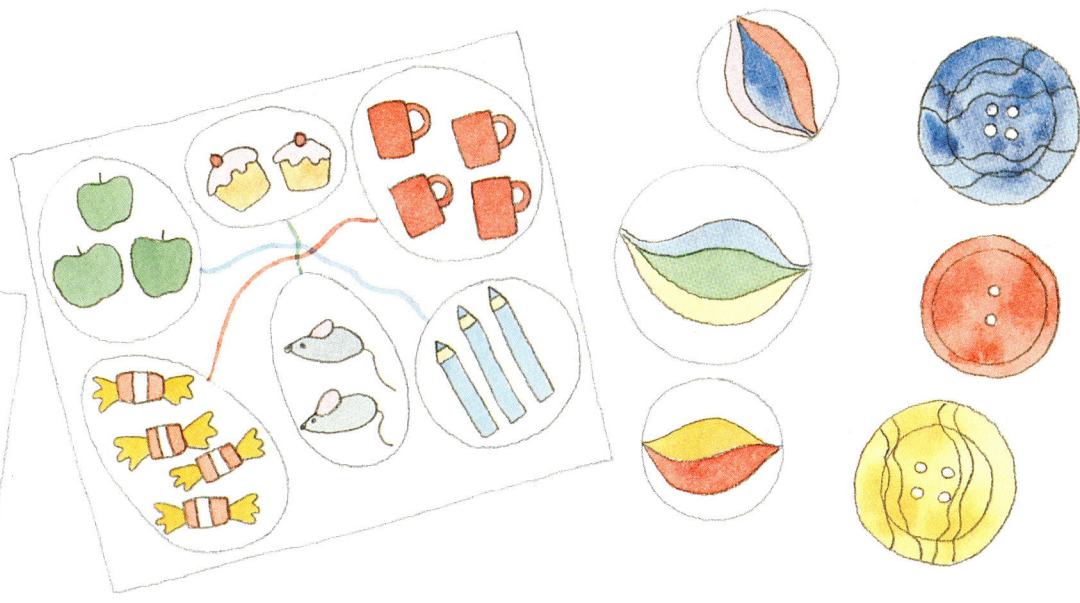

4 Malen Sie verschiedene Gruppen von Gegenständen auf ein großes Blatt und ziehen Sie einen Kreis um jede Gruppe. Die Gruppen mit derselben Anzahl von Gegenständen verbinden Sie mit einer Linie.

5 Legen Sie drei Knöpfe auf den Tisch. Bitten Sie Ihr Kind, drei andere Gegenstände daneben zu legen. Allmählich auf vier, fünf usw. erhöhen.

Bildertabelle
Zählen Sie alle Leute oder Fahrzeuge, die innerhalb von fünf Minuten auf der Straße vorbeikommen. Eine Bildertabelle kann zeigen, wie viele es jeweils waren:

Hampelmann

Basteln Sie einen Hampelmann mit beweglichen Gelenken (siehe Seite 132 - 133).

Malen Sie einen breiten Fluß auf Papier. Viele große Steine zum Überqueren des Flußlaufs fügen Sie hinzu. Jetzt lassen Sie den Hampelmann von Stein zu Stein hüpfen und zählen die Sprünge. Sie können auch Zeitungspapier als »Trittsteine« auf dem Boden ausbreiten. Lassen Sie Ihr Kind von »Stein« zu »Stein« hüpfen und mitzählen.

Mehr oder weniger

Führen Sie die Begriffe »mehr« und »weniger« ein.

1 Verteilen Sie Knöpfe auf Tellern: Auf dem ersten Teller liegt ein Knopf, auf dem zweiten zwei usw.

Zeigen Sie Ihrem Kind, daß auf jedem Teller ein Knopf mehr liegt. Machen Sie dasselbe auch in umgekehrter Reihenfolge. Wenn Sie nicht genug Knöpfe haben, nehmen Sie Nüsse oder Kieselsteine. Decken Sie einen Teller zu und lassen Sie Ihr Kind raten, wieviele Knöpfe darauf liegen.

2 Suchen Sie Bildkarten aus, die bis zu vier Gegenstände zeigen. Die Karten der Reihe nach anordnen, von den niedrigen Zahlen zu den höheren oder umgekehrt. Sie können auch die Karten mit derselben Anzahl von Gegenständen zusammenfassen.

3 Zeichnen Sie zwei Gruppen von Gegenständen; in der einen sollten mehr, in der anderen weniger dieser Gegenstände enthalten sein. Die größere Gruppe läßt sich rot, die kleinere blau ausmalen.

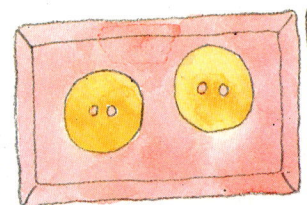

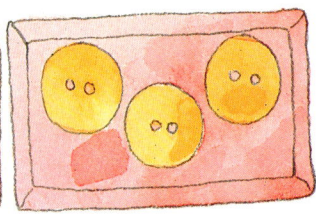

Zahlenspiele

Zahlendomino

Auf Seite 102 können Sie die Spielregeln und die richtige Anordnung nachschlagen. Verwenden Sie anstelle von Ziffern die entsprechende Anzahl von Punkten, in diesem Fall nur die von 1 - 6. Man kann die Punkte in Bilder einzeichnen, zum Beispiel in den Schmetterling unten.

Puzzlespiel

Ziehen Sie bis zu sechs Bilder auf festen Karton auf, dann zerschneiden Sie jedes Bild in sechs Teile und kennzeichnen die einzelnen Teile deutlich mit 1-6 und zwar nicht mit Ziffern, sondern mit Punkten. Für zwei Spieler verwendet man zwei Bilder, für drei drei usw.

Zeigen Sie jedem Spieler ein fertiges Puzzle, dann mischen Sie sämtliche Teile und legen sie mit der Vorderseite nach oben auf den Tisch. Jeder Spieler sucht sich die Teile zusammen, die zu einem Puzzle gehören.

Variante: Sie basteln einen Würfel (siehe Seite 109). Jeder Spieler würfelt nun einmal und sucht unter den Puzzleteilchen dasjenige, das die gewürfelte Zahl aufweist. Gewinner ist, wer als erster sein Puzzle fertig hat.

Brettspiele

Einfache Brettspiele kann man auch selber basteln. Man malt sie auf Karton- oder Holzplatten.

1 Zum Beispiel eine lange, gewundene Bahn, die den Schulweg Ihrer Kinder oder eine Schatzsuche darstellt.

2 Parallele Bahnen lassen sich als Eisenbahnschienen oder für ein Autorennen verwenden.

3 Oder man unterteilt die ganze Fläche eines Spielbretts in gleich große Quadrate und macht ein »Schlangen- und -Leiter-Spiel« daraus: Jedesmal wenn ein Spieler auf einem Feld mit einer Leiter landet, darf er zu dem Feld vorrücken, in das der obere Teil der Leiter ragt, wer dagegen am Kopf der Schlange landet, muß dahin zurück, wo ihr Schwanzende ist.

Denken Sie sich möglichst einfache Spiele aus, und verwenden Sie nur Personen und Gegenstände, die Ihre Kinder gut kennen.

Diese Spiele eignen sich als einfache Zählübungen; älteren Kindern macht es sicher auch Spaß, die Anweisungen auf dem Brett zu enträtseln.

Würfel oder Zahlenkreisel kann man selbst basteln (siehe S. 109).

Würfel und Kreisel

Einen Würfel basteln
Die Vorlage auf dieser Seite auf festen Karton übertragen und ausschneiden. Punkte wie angegeben einzeichnen und ausmalen.
An der gestrichelten Linie entlang falten. Dann die Laschen an die Kanten kleben, die den gleichen Buchstaben tragen, z.B. Lasche a an Kante a usw.

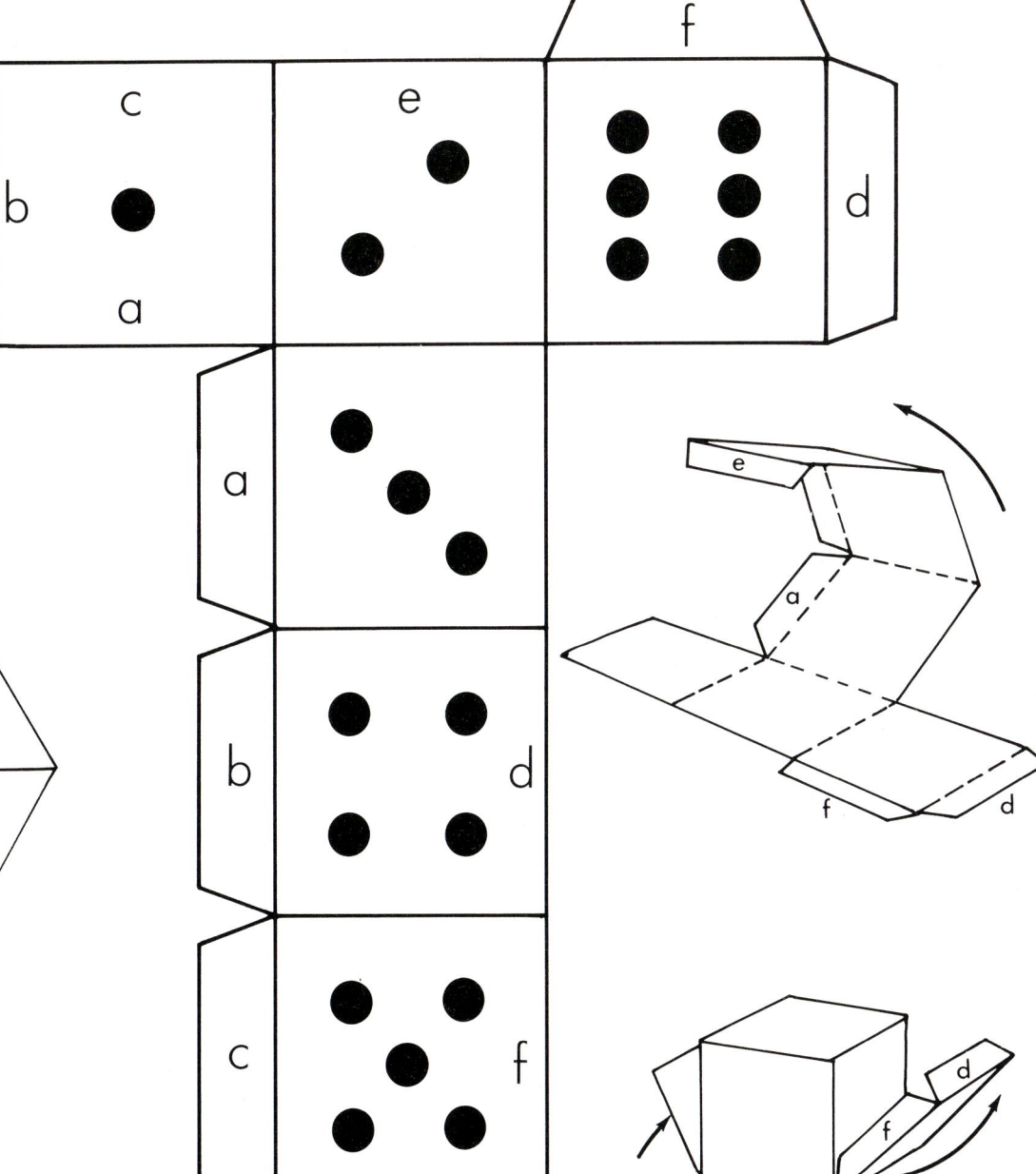

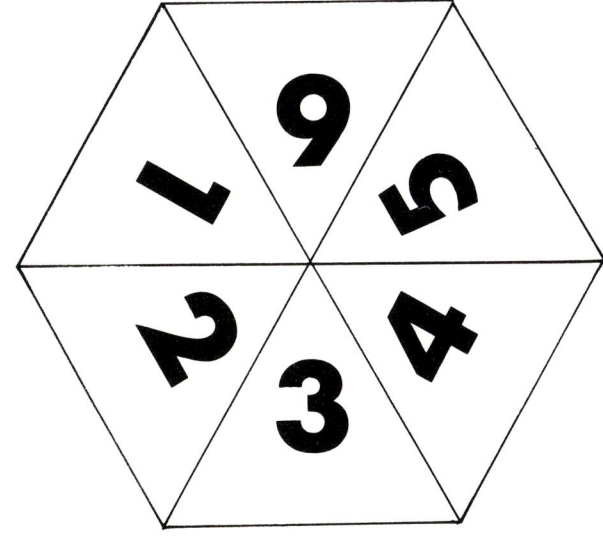

Einen Kreisel basteln
Die Vorlage auf festen Karton pausen. Trennlinien und Ziffern (oder die entsprechende Anzahl Punkte) einzeichnen. Holzstäbchen oder Bleistift mit scharfer Spitze durch die Mitte des Sechsecks bohren und zwischen Daumen und Zeigefinger ankreiseln.

Zählreime

Viele Zählreime stammen aus alten Kinderbüchern. Es gibt auch Abwandlungen bekannter Kindergedichte und Auszählverse, die mit Zahlen spielen:

Ich und du, dem Müller sein Kuh,
dem Müller sein Stier,
sind unser vier.

Oder:

Dreimal drei ist neune,
du weißt ja, wie ich's meine,
zwanzig ist ja zwei mal zehn,
Zipfelmütz', du bleibst stehn!

Hier noch ein paar Beipiele:

Eins zwei drei vier fünf sechs sieben,
eine alte Frau kocht Rüben,
eine alte Frau kocht Speck,
und du bist weg!

Rätselverse

Stets spazieren wir zu zweit,
ein Zwillingspaar adrett,
stehn unterm Tisch zur Mittagszeit
zur Nachtzeit - unterm Bett.

(Die Schuhe)

Geht auf zwei Beinchen
frißt Körnchen und Steinchen
und macht viel Geschrei
um ein einziges Ei.

(Die Henne)

Drei Beine hat er,
kann niemals gehn.
Wie gut, sonst müßten
wir manchmal stehn.

(Hocker)

Seht,
da steht
die arme Witwe aus Marein
mit sechs Kindern ganz allein.
Eins kann backen,
eins kann brauen,
eins kann nähen,
eins kann spinnen,
eins kann süßen,
eins läßt grüßen,
Sollt sich eines füglich grämen,
darfst du's mit nach Hause nehmen.

Zehn kleine Zappelmänner

Zehn kleine Zappelmänner
zappeln hin und her.
Zehn kleinen Zappelmännern
fällt das gar nicht schwer.

Zehn kleine Zappelmänner
zappeln auf und nieder,
zehn kleine Zappelmänner
tun das immer wieder.

Zehn kleine Zappelmänner
zappeln rund herum,
zehn kleine Zappelmänner
finden das nicht dumm.

Zehn kleine Zappelmänner
spielen mal Versteck,
zehn kleine Zappelmänner
sind auf einmal weg!

Unsere Katz

Unsre Katz hat Junge,
sieben an der Zahl.
Sechs davon sind Hunde,
das ist ein Skandal!

Doch der Kater spricht:
Die ernähr ich nicht!
Diese zu ernähren,
ist nicht meine Pflicht.

3+3+3+3

Ratzen
  Enten
    Hündchen
      Katzen
Ja
nun zähl mal
ihre Tatzen
Na?

(zweiundvierzig)

Zahlen erkennen und schreiben

Sobald Sie den Eindruck gewinnen, daß Ihr Kind sich unter Zahlen etwas vorstellen kann, können Sie versuchen, ihm die Ziffern beizubringen.

Verwenden Sie am Anfang gepunktete Linien für die Ziffern. Ihr Kind kann die Punkte dann miteinander verbinden.

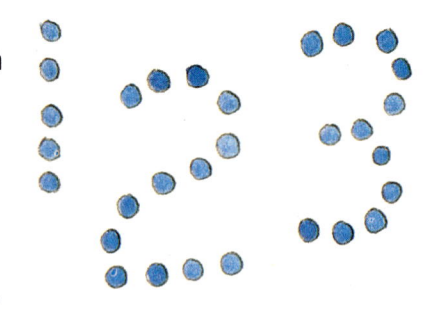

Zahlenpuzzles

Schneiden Sie zehn Karten aus, schreiben Sie die Zahlen von 1-10 oben auf jede Karte und malen oder kleben Sie die entsprechende Anzahl einfacher Gegenstände darunter.

Ziehen Sie zwischen Zahl und Bild eine Trennungslinie. Wählen Sie jedes Mal eine andere Linie, damit Ihr Kind das richtige Bild mit der richtigen Ziffer in Verbindung bringt.

Zahlenstreifen

Falten Sie ein langes Papierband bzw. zusammengeklebte Blätter in zehn Abschnitte. Schreiben Sie oben auf jeden Abschnitt eine Zahl von 1-10. Kleben Sie dann die entsprechende Anzahl Bilder (oder auch Gegenstände, wenn sie leicht genug sind) darunter, um die Ziffern zu veranschaulichen.

Zahlenwurm

Zeichnen Sie einen langen, gewundenen Wurm auf Karton. Teilen Sie den Wurm in zehn Abschnitte, schreiben Sie die Ziffern 1-10 darauf und malen Sie die entsprechende Anzahl Punkte daneben. Achten Sie beim Auseinanderschneiden darauf, daß die Trennungslinie jeweils verschieden ausfällt, damit sich der Wurm nur in der richtigen Zahlenfolge wieder zusammensetzen läßt.

Verwenden Sie praktische Beispiele, um Ihrem Kind Zahlen zu verdeutlichen. Benutzen Sie anstelle von Bildern richtige Gegenstände, zum Beispiel:

Zählen

1 »Wieviele Knöpfe müssen wir an deinem Mantel zumachen? - einen, zwei, drei…«

2 »Wieviele Leute essen heute zu Abend?« … »Wieviele Gabeln sind das?« … »Kannst du jedem eine Gabel hinlegen?« … »Wieviele Messer sind das?« … »Kannst du jedem ein Messer geben?« usw.

Hinzufügen

1 »Hier sind zwei Knöpfe…; hier sind nochmal zwei… Wieviele sind es jetzt?«

2 »Ich habe drei Bleistifte… Gib mir noch einen… Wieviele habe ich jetzt?«

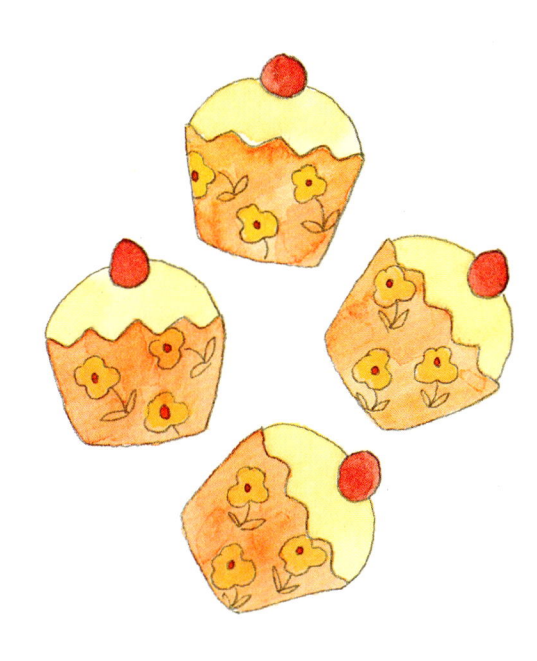

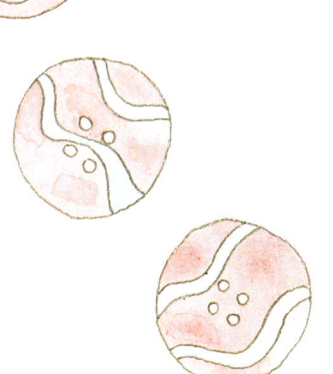

Wegnehmen

1 »Auf diesem Teller liegen fünf Plätzchen. Du ißt eins. Wieviel sind es jetzt noch?«

2 »Du hast drei Puppen. Wenn du mir eine Puppe gibst, wieviel hast du dann noch?«

Teilen

»Hier sind vier Törtchen. Wieviele Leute sind im Zimmer? Kann jeder ein Törtchen bekommen?«

Einkaufen spielen

Lassen Sie Ihre Kinder »Kaufladen« spielen, z.B. mit Spielzeug, Kleidern oder Lebensmitteln. Als Geld verwendet man Knöpfe, Spielmünzen oder getrocknete Bohnen. Ein Knopf oder eine Bohne ist jeweils einen Pfennig wert, damit es keine Probleme mit dem Wechselgeld gibt.

Natürlich kann man auch eine Büchse voll richtiger Pfennige sammeln und damit spielen.

Vergleiche

Verwenden Sie, so oft es geht, Begriffe wie: hoch - höher, niedrig - niedriger, groß - größer - am größten, klein - kleiner - am kleinsten, viel - mehr - am meisten, wenig - weniger - am wenigsten.

Wer ist der Kleinste?

Welcher Drachen fliegt am höchsten?

Welches Monster hat die meisten Beine?

Welches Tier ist das größte?

Ein Lineal basteln

Aus festem Karton einen 3 cm breiten, 20 cm langen Streifen schneiden und in 1 cm-Abschnitte unterteilen.

Mit diesem Lineal lassen sich Bücher, Türen, Tische und andere Gegenstände im Haus abmessen.

| 1 | 2 | 3 | 4 | 5 | 6 | 7 | 8 | 9 | 10 | 11 | 12 | 13 | 14 | 15 | 16 | 17 | 18 | 19 | 20 |

Die Uhrzeit

Kaufen Sie ein einfaches Zifferblatt oder basteln Sie eines aus festem Karton. Ihre Uhr sollte bewegliche Minuten- und Stundenzeiger haben - ebenfalls aus Pappe ausschneiden und mit Rundkopfklammern befestigen.

Verstellen Sie die Zeiger so, daß sie bestimmte Tagesabschnitte markieren, z.B. »Schlafenszeit«, »Aufstehzeit« usw.

Stellen Sie zunächst nur volle Stunden ein, dann auch halbe und allmählich auch Viertelstunden. Gehen Sie unbedingt langsam voran.

> Morgens früh um sechs
> kommt die kleine Hex;
> morgens früh um sieben
> schabt sie gelbe Rüben;
> morgens früh um acht
> wird Kaffee gemacht;
> morgens früh um neune
> geht sie in die Scheune;
> morgens früh um zehne
> holt sie Holz und Späne;
> feuert an um elf,
> kocht dann bis um zwölf
> Fröschebein und Krebs und Fisch.
> Hurtig, Kinder, kommt zu Tisch!

Heute, morgen...

Montag	
Dienstag	
Mittwoch	
Donnerstag	
Freitag	
Samstag	
Sonntag	

Heute und morgen
Versteht Ihr Kind folgende Begriffe: Tag, Nacht, Morgen, Nachmittag, Abend, früh, spät, Anfang, Ende, vor, nach, gestern, heute, morgen?

Die Jahreszeiten.

Die Wiese grünt, der Vogel baut,
Der Kuckuck ruft, der Morgen taut;
Das Veilchen blüht, die Lerche singt,
Der Obstbaum prangt: der Frühling winkt.

Die Sonne sticht, die Rose blüht,
Die Bohne rankt, das Würmchen glüht;
Die Ähre reift, die Sense klingt,
Die Garbe rauscht: der Sommer winkt.

Das Laub verwelkt, die Schwalbe flieht,
Der Landmann pflügt, die Schneegans zieht;
Die Traube reift, die Kelter rinnt,
Der Apfel lockt: der Herbst beginnt.

Der Sang verstummt, die Axt erschallt;
Das Schneefeld glänzt, das Waldhorn schallt;
Der Schlittschuh eilt, der Schneeball fliegt,
Die Flut erstarrt: der Winter siegt.

Sieben Damen und Herren

Grüß euch, Herr Montag,
was macht die Frau Dienstag?
Nix G'scheits, Herr Mittwoch!
Die Frau Donnerstag
läßt dem Herrn Freitag sagen,
die Frau Samstag
soll zum Herrn Sonntag
zum Essen kommen –
am Montag!

Basteln Sie einen Wochenkalender und malen Sie auf, was Sie und die Kinder an jedem Tag unternommen haben.

Oder Sie basteln einen »Terminkalender«. Dazu brauchen Sie drei Pappstreifen – auf den ersten schreiben Sie den Wochentag, auf den zweiten die Zahlen 1–31, auf den dritten die Monate. Jetzt machen Sie drei separate, farbige Dreiecke und klemmen sie mit einer Büroklammer an die Streifen. Die Dreiecke lassen sich verschieben. Sie können jeden beliebigen Tag markieren.

5

**Musik
und zuhören**

Zuhören lernen

1 Verstecken Sie eine laut tickende Uhr oder ein Transistorradio, das auf »leise« gedreht ist und schauen Sie, wie schnell Ihr Kind die Sachen findet.

2 Bitten Sie Ihr Kind, die Augen zu schließen und sich ein Geräusch anzuhören, das Sie machen werden. Es soll erraten, um was für ein Geräusch es sich handelt. Sie können z.B. eine Glocke läuten, eine Uhr aufziehen, den Wecker klingeln lassen oder mit Papier rascheln.

3 Schließen Sie jetzt ebenfalls die Augen und lauschen Sie mit Ihrem Kind zusammen auf Geräusche im Zimmer oder von draußen. Sprechen Sie über das, was Sie hören und versuchen Sie, die Geräusche mit Ihrer Stimme nachzuahmen.

4 Ein andermal können Sie und Ihr Kind versuchen, Laute, die es gut kennt, nachzuahmen. Z.B. Schritte, eine Tür, die knarrt oder zugeschlagen wird, die Geräusche, die ein Baby macht, oder der Wind oder ein Zug, ein pfeifender Wasserkessel, eine tickende Uhr ...

5 Sprechen Sie über verschiedene Arten von Geräuschen. Was geschieht, wenn ein Motorrad heranbraust und sich dann wieder entfernt? Können Sie dieses Geräusch nachahmen?

Trommel auf dem Bauch,
Hast ein schweren Ranzen,
Kannst du erst auf Stelzen gehn,
So kannst du auch bald tanzen.

Schnick, schnack, Dudelsack,
unser Kind will tanzen.
Spielt der Brummbaß brumm, brumm, brumm,
dreht es sich im Kreis herum.

Rhythmen

1 Bitten Sie Ihr Kind, im Kreis herumzulaufen, während Sie dazu einen Rhythmus klatschen. Verändern Sie den Klatschrhythmus. Beobachten Sie, ob sich Ihr Kind anpassen kann. Kommt es anfangs ein bißchen durcheinander, hilft vielleicht ein Kreis auf dem Boden.

2 Klatschen Sie allmählich schneller. Kinder finden es meist schwierig, sich dem schnelleren Rhythmus anzupassen, weil dies aufmerksames Zuhören erfordert. Eine Zeitlang üben, bis es klappt, dann auch mal die Tanzrichtung wechseln lassen.

3 Versuchen Sie, den Rhythmus von Geräuschen wiederzugeben, z.B. den eines rennenden Kindes oder von jemandem, der die Treppe hinunterläuft.

4 Spielen Sie einen einfachen Rhythmus, z.B. mit einem Tamburin. Ihr Kind stampft dazu mit den Füßen, nickt mit dem Kopf, schüttelt Arme und Beine, setzt schließlich den ganzen Körper ein.

5 Man kann sich auch durch Rhythmen »unterhalten«: Einer fängt an, einen einfachen Rhythmus zu trommeln – nicht mehr als drei oder vier Schläge – und der andere antwortet, indem er die »Nachricht« wiederholt.

Laut und leise

Vielleicht möchten Sie bei dieser Gelegenheit Ihr Kind mit den Begriffen »laut« und »leise« vertraut machen. Nehmen Sie einen einfachen Vers wie z.B. »Es regnet, es regnet, es regnet seinen Lauf, und wenn's genug geregnet hat, dann hört es wieder auf«.

Jetzt machen Sie folgendes: Die ersten zwei Zeilen sagen Sie ganz laut. Die nächste Zeile flüstern Sie. Die letzte Zeile »trompeten« Sie heraus. Das Ganze wiederholen Sie mit Ihrem Kind. Nun nehmen Sie den nächsten Vers usw. Sie werden sehen, bald gibt's kein Halten mehr.

Das Laut- und Leise-Spiel läßt sich noch weiter ausbauen. So kann z.B. ein Kind die anderen durch das Zimmer führen und dabei ein Gedicht aufsagen und zwar auf alle möglichen Arten – laut, leise, schnell, langsam – und alle bewegen sich so dazu, wie es am besten paßt.

Die Begriffe »laut« und »leise« lassen sich auf alle möglichen Geräusche anwenden. Sie können z.B. Münzen oder Knöpfe in einer Blechbüchse schütteln, Zeitungspapier zusammenknüllen, eine Tür ins Schloß fallen lassen – wichtig ist nur, daß Sie jedes Geräusch zweimal machen, zuerst so laut wie möglich, danach so leise wie möglich.

Musik und Bewegung

Kinder lernen leicht, sich zu Musik zu bewegen, wenn man anfangs Reime und Lieder verwendet, die sie bereits gut kennen. Am besten wählt man Lieder und Verse, die vom Text und vom Rhythmus her bestimmte Bewegungen geradezu »verlangen«; mit der Zeit kann man dann natürlich immer freier werden. Sich-Verkleiden ist manchmal sehr nützlich - flatternde Chiffontücher, bauschige Rökke, weite Umhänge eignen sich gut dafür.

Geht das Pferdchen Schritt vor Schritt
ei, so lauf zu Fuß ich mit.
Lieber hab' ich's, geht's tripp trapp,
wenn es mich nur nicht wirft ab.
Doch am liebsten, geht's hopp hopp,
so im raschesten Galopp.
Ei, wie mir das wohlgefällt,
man durchflieget so die Welt.

Hoppe hoppe Reiter
wenn er fällt, dann schreit er
fällt er in das grüne Gras
macht er sich die Hosen naß
fällt er in den Graben
fressen ihn die Raben
fällt er in die Hecken
fressen ihn die Schnecken
fressen ihn die Müllermücken
die ihn vorn und hinten zwicken
fällt er in den Sumpf
macht der Reiter
plums!

Trab, Pferdchen, trab,
wirf den Reiter ab,
wirf ihn in die Pfütze,
der Reiter ist nichts nütze.

Weiß Papier und blau Papier,
Mädle, nimm kein Offizier!
Nix im Säckle, nix im Sack,
als ein Päckle Rauchtabak.

Brüderchen, komm tanz mit mir,
beide Hände reich ich dir.
Einmal hin, einmal her,
rundherum, das ist nicht schwer.

Mit den Händchen, klipp, klipp, klapp,
mit den Füßchen, tripp, tripp, trapp!
Einmal hin, einmal her,
rundherum, das ist nicht schwer.

Große Uhren gehen tick tack

Große Uhren gehen tick, tack, tick, tack,
kleine Uhren gehen tick tack, tick tack, tick tack, tick tack,
und die kleinen Taschenuhren ticketacke, ticketacke, ticketacke, tick.

Karl Karow

So reiten jetzt die kleinen Kind

So reiten jetzt die kleinen Kind,
wenn sie noch ganz winzig sind.
Und wenn sie größer werden,
so reiten sie auf Pferden.
Wenn sie groß gewachsen,
so reiten sie nach Sachsen.

Wer will auf der Donau fahren,
titus, titus, trallala,
der muß sein frisch Leben wagen,
titus, titus, trallala,
stößt das Schiff an einen Stein,
fällst ins Wasser du hinein.

Kindlein mein, schlaf doch ein,
weil die Sternlein kommen,
und der Mond kommt auch schon
silbern angeschwommen.
Eia, Wieglein, Wieglein mein,
schlaf mein Kindlein,
schlaf nur ein.

Eia, schlaf süß!
Ich wieg dich mit den Füßen,
ich wieg dich mit dem goldnen Schuh,
schlaf und tu die Augen zu!
Eia, schlaf süß!

Tanz, Kindlein, tanz!
Die Schuhe sind noch ganz.
Laß dir's nicht gereuen,
der Schuster macht dir neue,
tanz, Kindlein, tanz!

Ringel, Ringel, Reiher,
die Fische sind im Weiher,
die Krebse sind im Bodensee,
springen alle hopp in d'Höh!

Ri ra rutsch,
wir fahren mit der Kutsch'.
Wir fahren mit der Chaise,
zu der Tante Rese.
Tante Rese ist nicht da,
fahr'n wir halt zum Opapa.
Opapa ist auch nicht da.
Kehr'n wir wieder um,
ri ra rum.

Jakob hat kein Brot im Haus,
Jakob macht sich gar nichts draus.
Jakob hin, Jakob her,
Jakob ist ein Zottelbär.

Ich will dir mal was sagen
von 'nem alten Wagen.
Wenn er keine Räder hat,
kann er nicht mehr fahren.

Storch, Storch, Steiner!
Mit den langen Beiner,
Flieg mir in das Bäckerhaus,
Hol mir ein warmen Weck heraus!

Zehn Sanitäter
hüpfen in die Räder,
hüpfen wieder raus,
und du bist drauß.

Jetzt ist's aus, da rennt eine Maus,
hat einen blauen Kittel an,
morgen fängt die Geschicht wieder an!

Da, Bäck,
hast ein Weck,
schieb ihn rein,
back ihn fein,
laß ihn nicht verbrennen,
daß wir'n essen können!

Instrumente bauen

Die ersten Instrumente können Sie gemeinsam mit Ihrem Kind aus Sachen basteln, die in jedem Haushalt zu finden sind.

Schlaginstrumente

1 Trommeln: Umgedrehte Töpfe, Plastikschüsseln, leere Schachteln oder Büchsen. Pergamentpapier oder kräftige Plastikfolie darüberlegen, glattstreichen und mit einem breiten Gummiring befestigen.

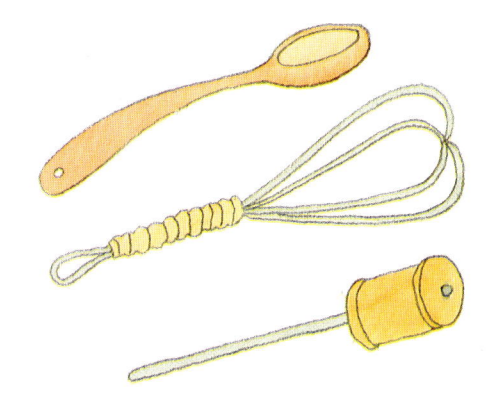

2 Trommelschlegel: Löffel, auf Holzstiele geklebte Garnspulen, Bürsten, Schneebesen.

3 Schüttelinstrumente: Legen Sie ein paar Linsen, Reiskörner oder Knöpfe in Streichholzschachteln. Lassen Sie Ihr Kind die Schachteln schütteln und erraten, was darin ist. Probieren Sie verschiedene Füllungen und Behälter aus.

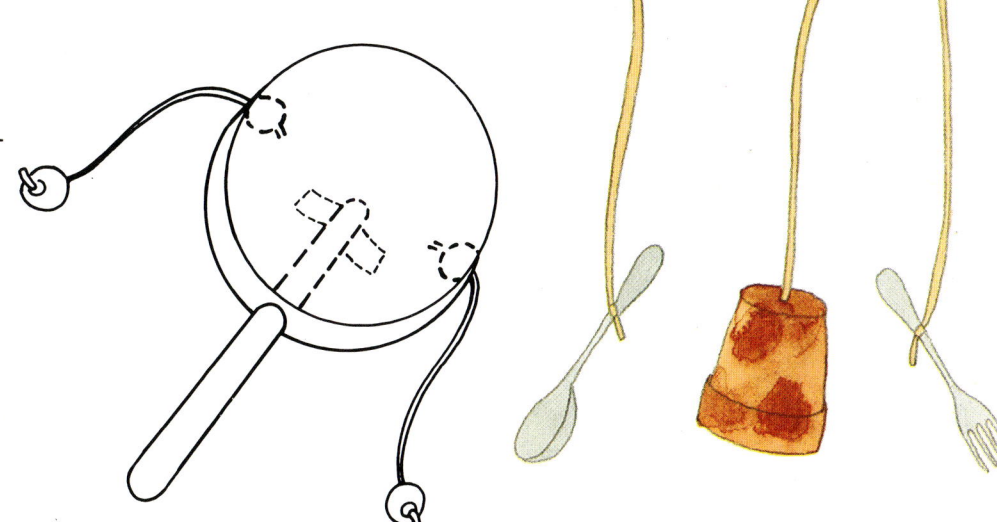

4 Japanische Trommeln: Eine runde Käseschachtel nehmen, ein Loch in die Seite bohren, einen Holzstiel durchstecken und so innen am Deckelboden befestigen, daß er als Griff dient. Zwei weitere Löcher in die Schachtelseiten bohren, zwei Schnüre durchziehen, auf der Innenseite der Schachtel verknoten. Eine Perle auf jedes Schnurende fädeln, fixieren, Deckel auf die Schachtel setzen, verkleben.
Trommel am Griff rasch hin und her drehen: Die Perlen schlagen gegen die Schachtelböden.

5 Glocken: Einfach einen Schlüsselbund nehmen oder Kronkorken durchlöchern und auf eine Schnur auffädeln. Eine solche »Glockenschnur« kann man an einem Holzstück befestigen. Oder man nagelt ein paar einzelne Kronkorken locker auf einen Besenstiel und stößt ihn am Boden auf, damit die Metallkappen klimpern.

6 Hängeglocken: Beliebige Metallgegenstände - Nägel, Gabeln, Löffel - oder verschieden große Büchsen oder Blumentöpfe aus Ton jeweils an einem Stück Schnur aufhängen und mit einem Löffel oder ähnlichem dagegenschlagen.

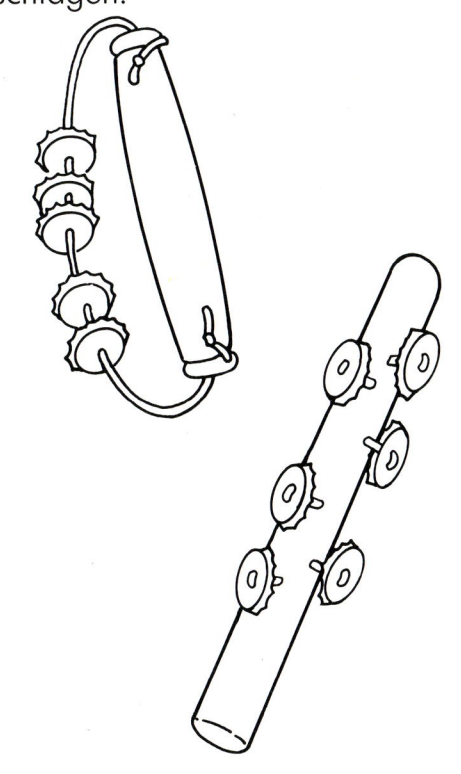

7 Zimbeln: Je zwei Topfdeckel benützen.

8 Kastagnetten: Löffel wie oben abgebildet mit Tesafilm locker zusammenkleben. Löffelgriffe fest in die eine Hand nehmen und Löffelwölbungen im Rhythmus leicht auf die Handfläche der freien Hand schlagen. Oder Sie schneiden einen ca. 4 × 20 cm großen Kartonstreifen zurecht, falten ihn in der Mitte und kleben an jeden Rand einen Kronkorken. Mit einer Hand schlagen Sie die Kronkorken gegeneinander.

9 Xylophon: Wasser in eine Reihe Gläser oder Flaschen gießen und zwar jedesmal unterschiedlich viel. Wenn Ihr Kind die Glaswände leicht mit einem Schneebesen »anschlägt«, entsteht von Mal zu Mal ein anderer Ton. Versuchen Sie auch, die Tonhöhe durch Ab- oder Zugießen von Wasser zu variieren.

10 Klanghölzer: Man braucht zwei beliebig große Holzblöcke, die Sie gegeneinanderschlagen oder -reiben. Als Griff kann man ein kleineres Stück Holz auf die Rückseite kleben. Oder beide Blöcke mit Sandpapier überziehen und aneinanderreiben. Verschieden große Holzblöcke ausprobieren - es entsteht jedesmal ein anderer Ton.

Blasinstrumente

1 Trompeten: Am allereinfachsten ist es, eine Papprolle zu nehmen, in die man hineinbläst oder summt. Oder man rollt einen Halbkreis aus Pappe zusammen, so daß eine trichterförmige Trompete entsteht. Oder einfach in leere Plastikflaschen pusten.

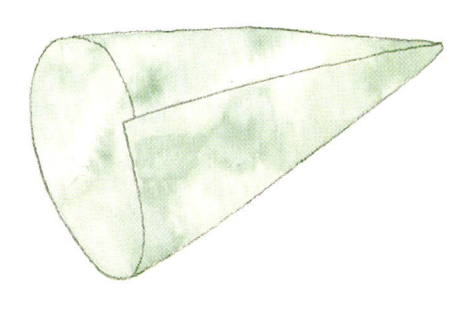

Fiedelhänschen geig' einmal
unser Kind will tanzen,
hat ein rotes Röcklein an,
rundherum mit Fransen.

2 Summkamm: Ein Stück Seidenpapier über einen grobzackigen Kamm legen. Lippen fest gegen Kamm und Papier drücken und summen.

Saiteninstrumente

1 Kontrabaß: In den Boden eines großen, umgedrehten Pappkartons zwei kleine Löcher bohren. Eines der Löcher sternförmig etwas einschneiden. Einen Besenstiel durch dieses Loch bohren, durch das andere Loch ein Stück Gummiband ziehen. Gummiende innen in der Schachtel verknoten, das andere Ende an der Spitze des Besenstiels festmachen. Den Stiel gut festhalten. Das Gummiband wie eine Saite zupfen.

2 Zither: Über einen offenen Pappkarton verschieden breite Gummibänder spannen. Die Kartonwände etwas einkerben, damit die Bänder nicht verrutschen; schon ist die Zither fertig. Sie können auch eine rechteckige Holzplatte nehmen, Nägel hineinschlagen und zwar in der Anordnung wie aus der Abbildung gegenüber ersichtlich. Jedes Nagelpaar mit einem straffen Gummiband verbinden. Fertig.

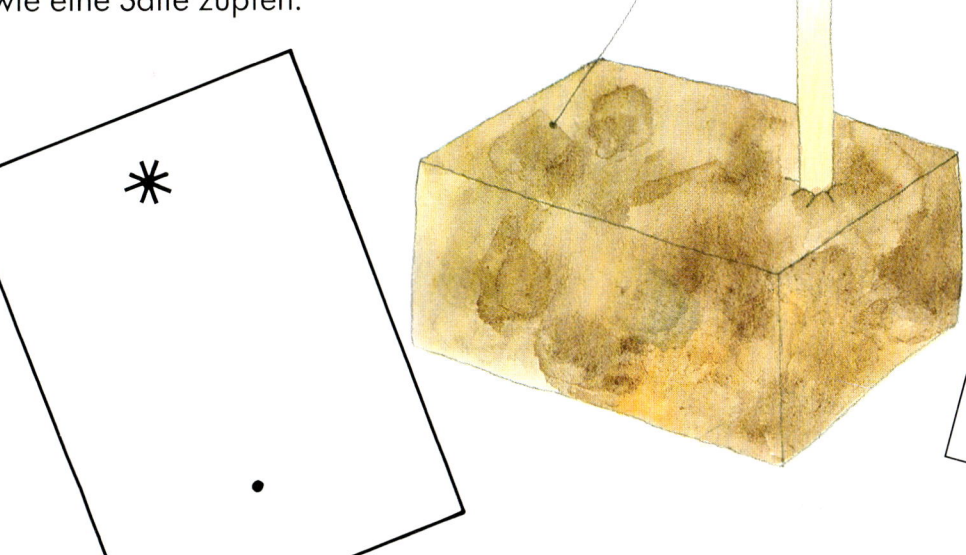

Nur eine kleine Geige

Eine kleine Geige möcht ich haben,
Eine kleine Geige hätt ich gern!
Alle Tage spielt ich mir
Zwei, drei Stückchen oder vier
Und sänge und spränge
Gar lustig herum.
Didel didel didel dum!
Didel didel dum!

Eine kleine Geige klingt gar lieblich,
Eine kleine Geige klingt gar schön!
Nachbars Kinder und der Spitz
Kämen alle wie der Blitz
Und sängen und spängen
Mit mir auch herum.
Didel didel didel dum!
Didel didel dum!

Hoffmann von Fallersleben

Musik hören

Kinder können sich nicht unbegrenzt konzentrieren. Fangen Sie also mit kurzen Musikstücken an oder wählen Sie bei längeren besonders melodische Werke. Wenn Sie Ihrem Kind ein Musikstück vorspielen, wippen, tippen, pochen Sie den Rhythmus dazu; summen Sie die Melodie. Sprechen Sie über die Stimmung, die die Musik vermittelt. Achtung, Musik erweckt in jedem Menschen unterschiedliche Stimmungen!

Spielen Sie vielleicht am nächsten Tag das Stück noch einmal und sprechen Sie darüber, wie man sich zu dieser Musik bewegen könnte.

Instrumente anhören
Betrachten Sie mit Ihrem Kind Bilder verschiedener Instrumente, während Sie entsprechende Musikstücke anhören. Unterhalten Sie sich darüber, wie die verschiedenen Instrumente klingen.

»Erstarren«
Suchen Sie eine Kassette oder Platte mit lebhafter Tanzmusik aus. Alle fangen an, darauf zu tanzen. Wenn Sie die Musik plötzlich unterbrechen, müssen die Tänzer mitten in der Bewegung anhalten und zu Salzsäulen erstarren. Lassen Sie die »Statuen« sich gegenseitig einen Augenblick betrachten, dann stellen Sie die Musik wieder an und alle tanzen weiter.

Kinder mögen die verschiedensten Arten von Musik. Probieren Sie deshalb immer wieder etwas Neues aus, von Blasmusik bis zu den neuesten Hits.

An klassische Musik sollten Sie ebenfalls denken. Nachfolgend finden Sie eine Reihe von Vorschlägen. Spielen Sie Ihrem Kind auch einmal Ihre Lieblingsstücke vor.

Vorschläge
W. A. Mozart: Eine kleine Nachtmusik
L. Mozart: Kinder-Symphonie.
Prokofjew: Peter und der Wolf
Kodaly: Harry Janos Suite
Mendelssohn-Bartholdy: Ouvertüre zum Mittsommernachtstraum
Rimsky-Korsakov: Der Hummelflug
Saint-Saëns: Karneval der Tiere
Tschaikowski: Nußknackersuite
Vivaldi: Die vier Jahreszeiten
Britten: A Young Person's Guide to the Orchestra
Debussy: Children's Corner
Bartok: Klavierstücke für Kinder
Mussorgskij: Die Kinderstube
Grieg: Peer Gynt – In der Halle des Bergkönigs
Haydn: Kindersymphonie; Cellokonzert Nr. 2 in D-Dur
Holst: Die Planeten
Schumann: Kinderszenen

Schauspielern

Finger- und Handpuppen

Mit Puppen lassen sich allerlei einfache Reime und Gedichte nachspielen - außerdem bieten sie Kindern eine prächtige Möglichkeit, sich Geschichten auszudenken. Die Finger- und Handpuppen, die wir hier vorstellen, sind einfach nachzubasteln.

> Das ist der Daumen,
> der schüttelt die Pflaumen,
> der liest sie auf,
> der trägt sie nach Haus,
> und der kleine Schelm
> ißt sie alle auf!

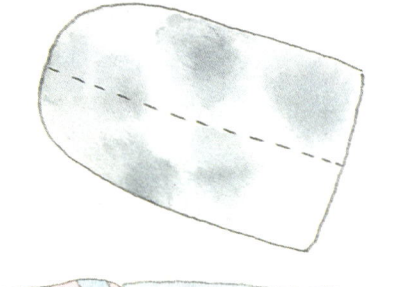

Fingerpuppen

1 Aus einem Restchen Pelz, das man in der Mitte faltet und seitlich zusammennäht, ein kleines Tier basteln. Ein Stück Schnur als Schwanz und Ohren aus Filzresten annähen.

2 Von einem alten Handschuh die Finger abschneiden. Augen, Nase, Mund usw. aufnähen. Verwenden Sie dazu Filzreste, Papierschnipsel, Federn, Knöpfe und Perlen.

3 Auf Pappe Figuren zeichnen, z. B. einfache Tierumrisse. Diese ausschneiden. Dann einen Papierring basteln, der auf die Fingerspitzen paßt. Die Rückseite der Bilder am Fingerring festkleben. Die Figuren nach Belieben mit Stoff-, Fell- oder Wollrestchen verzieren.

4 Eine Puppe stricken: Extradicke Wolle und Nadeln Nr. 5 verwenden.
20 Maschen anschlagen.
26 Reihen stricken.
In der 27. Reihe je 2 Maschen zusammenführen.
Faden abschneiden, ein ca. 20 cm langes Stück übrig lassen, dieses durch die restlichen Maschen zie-

hen. Maschen von der Nadel gleiten lassen und den Faden fest anziehen, damit die Maschen eng zusammengerafft werden. Fadenende vernähen. Die beiden Kanten schließen. Das obere Ende mit Watte oder Stoffresten ausstopfen, dann unterhalb des »Kopfes« fest zusammenbinden. Ein »Hals« entsteht. Gesicht und Haare sind Knöpfe und Wollfädchen. Übrigens: Kasperlepuppen stellt man genauso her.

5️⃣ Eine ca. 12 cm hohe Pappfigur ohne Beine ausschneiden. Zwei Löcher in den »Unterkörper« bohren. Zeige- und Mittelfinger durchstecken. So bekommt die Puppe Beine.

Handpuppen

1️⃣ Zeichnen Sie einfach ein Gesicht in Ihre Hand. Das Gesicht bewegt sich, wenn Sie, Handinnenfläche nach vorne, Finger und Daumen krümmen.

2️⃣ Auf eine kleine Papiertüte malen Sie ein Gesicht. Die beiden Ecken zu Ohren zusammenbinden. Oder die Tüte so umknicken, daß ein aufklappbarer Mund entsteht.

Schnurre, Katze

Schnurre, Katze!
Leise Tatze,
kratze, kratze,
kleine Katze.
Mit der Schnauze
miaut 'se.

Katzle, baratzle,
Laß dich nicht erwische,
Spring unter die Bänke
Und unter die Tische.

3 Einen alten Holzlöffel auf der Rückseite der Wölbung bemalen. Einen Stoffrest um den »Hals« binden, damit der Griff verdeckt ist.

4 Auf die obere Hälfte einer Papprolle ein Gesicht malen, Haare aus Woll- oder Pelzresten aufkleben. Die untere Hälfte der Rolle mit Stoff bekleben, damit die Hand, die die Puppe hält, verdeckt ist.

5 Sie nehmen zwei Papprollen, eine davon länger und dünner als die andere. Die dünne um die dickere herumwickeln, so daß zwei Arme entstehen; mit Tesafilm festkleben. Dann der Puppe ein Gesicht und Haare aufmalen oder -kleben.

6 Das Zehenende eines alten Strumpfes nach innen ziehen, so daß ein Maul entsteht, mit ein paar Stichen festnähen. Knöpfe als Augen aufnähen und ein Stückchen Filz als Zunge. Man kann den Kopf auch ausstopfen, um die Form zu verändern.

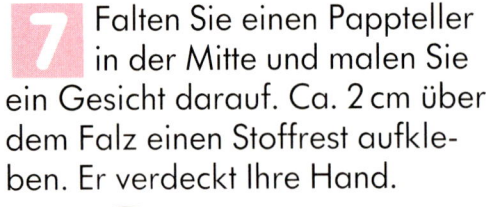

Schlängelchen,
Bengelchen,
Züngelchen,
Zahn.
Gräslein,
Häslein,
hops!
Vertan.

7 Falten Sie einen Pappteller in der Mitte und malen Sie ein Gesicht darauf. Ca. 2 cm über dem Falz einen Stoffrest aufkleben. Er verdeckt Ihre Hand.

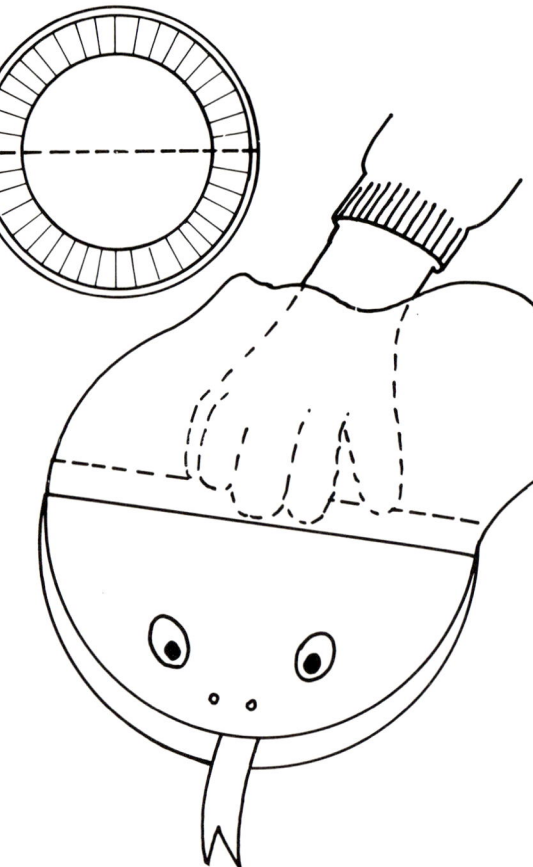

8 Sie stecken einen Joghurtbecher in das Zehenende eines Strumpfes. Ein Kopf entsteht. Dann Stoffetzchen oder ähnliches als Gesicht aufkleben oder -nähen.

Zum Verzieren

kann man Farbe, Wolle, Bast, Perlen, Ketten, Pelzreste, Knöpfe und Stoffetzchen nehmen – überhaupt alles, was einem nur einfällt.

Schnur- und Stabfiguren

Spinnen

Auf acht Schnüre Kronkorken aufziehen, hinter jedem Korken einen Knoten machen. In den Deckel einer Margarineschachtel acht Löcher bohren, je eines der acht Schnurenden durchziehen und festknoten. Dann ein Loch in den Boden der Margarineschachtel bohren, ein Stück Schnur durchziehen und so im Inneren der Schachtel zusammenknoten, daß ein Aufhänger entsteht. Die Schachtel bemalen oder mit Papier bekleben. Deckel aufsetzen.

Der Spinn

Eins, zwei, drei, Hirsebrei,
kommt der Spinnenmann herbei,
läuft mein blaues Herzkind fort.
Schaut nach einem andern Ort.

Geister

Einen aufgeblasenen Luftballon umdrehen und am Mundstück Seiden- oder Nylonstoffreste festknoten, so daß der Ballon völlig verdeckt ist. Große Papieraugen und einen Mund auf den Stoff kleben und den »Geist« an einer Schnur von der Decke schweben lassen.

Schlangen

Joghurtbecher auf ein Stück Schnur aufziehen, immer einen Knoten dahinter machen, damit nichts verrutscht. Dünne Holzstäbchen besorgen. Ein Stäbchen wird oben am Kopf der Schlange mit Tesafilm festgeklebt, ein zweites am Schwanzende. Für eine sehr lange Schlange wird man vier Stäbchen verwenden. Man braucht nun zwei Personen, um die Schlange zu bewegen.

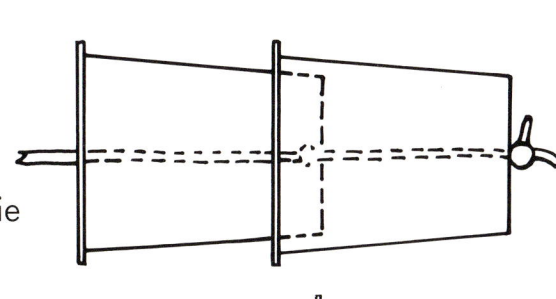

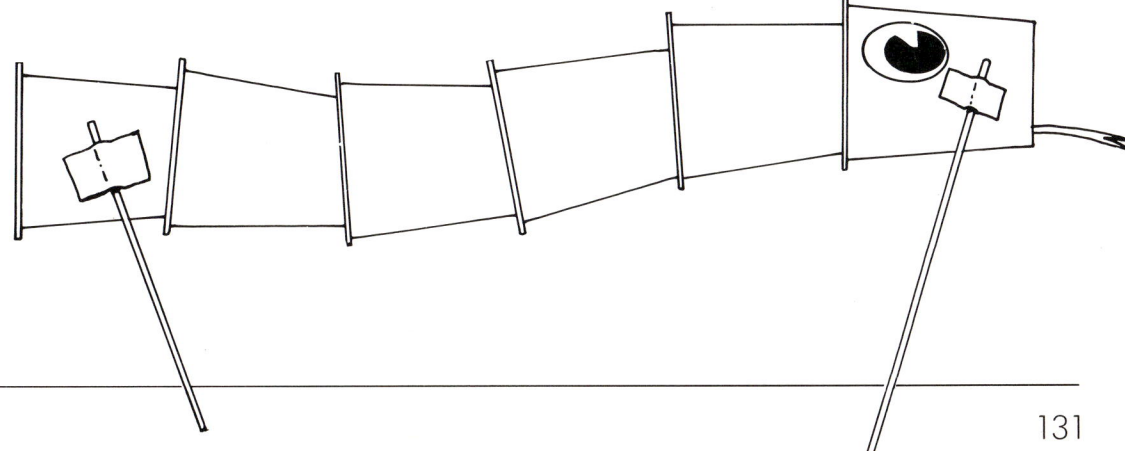

Hampelmänner und Schattenfiguren

Bewegliche Figuren
Als Vorübung zum Hampelmann-Basteln Teile eines Tierkörpers aus fester Pappe ausschneiden, durchlöchern und mit Rundkopfklammern verbinden, so daß sich die verschiedenen Teile frei bewegen lassen.

Drachen
Zum Beispiel läßt sich ein Drache aus drei Teilen zusammenfügen: Kopf, Körper und Schwanz. Am Kopf- und Schwanzende jeweils ein Stöckchen befestigen. Jetzt kann der Drache »auftreten«.

Hampelmann
Aus einem Stück Pappe einen Körper samt Kopf ausschneiden, außerdem zwei Arme und zwei Beine. Arme und Beine mit Rundkopfklammern am Körper befestigen, so daß sie frei beweglich sind.
  Nun nehmen Sie eine lange und zwei kurze Schnüre und bohren
a) zwei kleine Löcher oben in die Arme und ziehen eine kurze Schnur durch, die die Arme jetzt miteinander verbindet;
Sie bohren
b) zwei Löcher oben in die Beine und verbinden sie mit der zweiten kurzen Schnur, dann binden Sie

c) die lange Schnur in die Mitte zwischen die beiden kurzen Schnüre und lassen ein ca. 15 cm langes Ende herunterbaumeln.

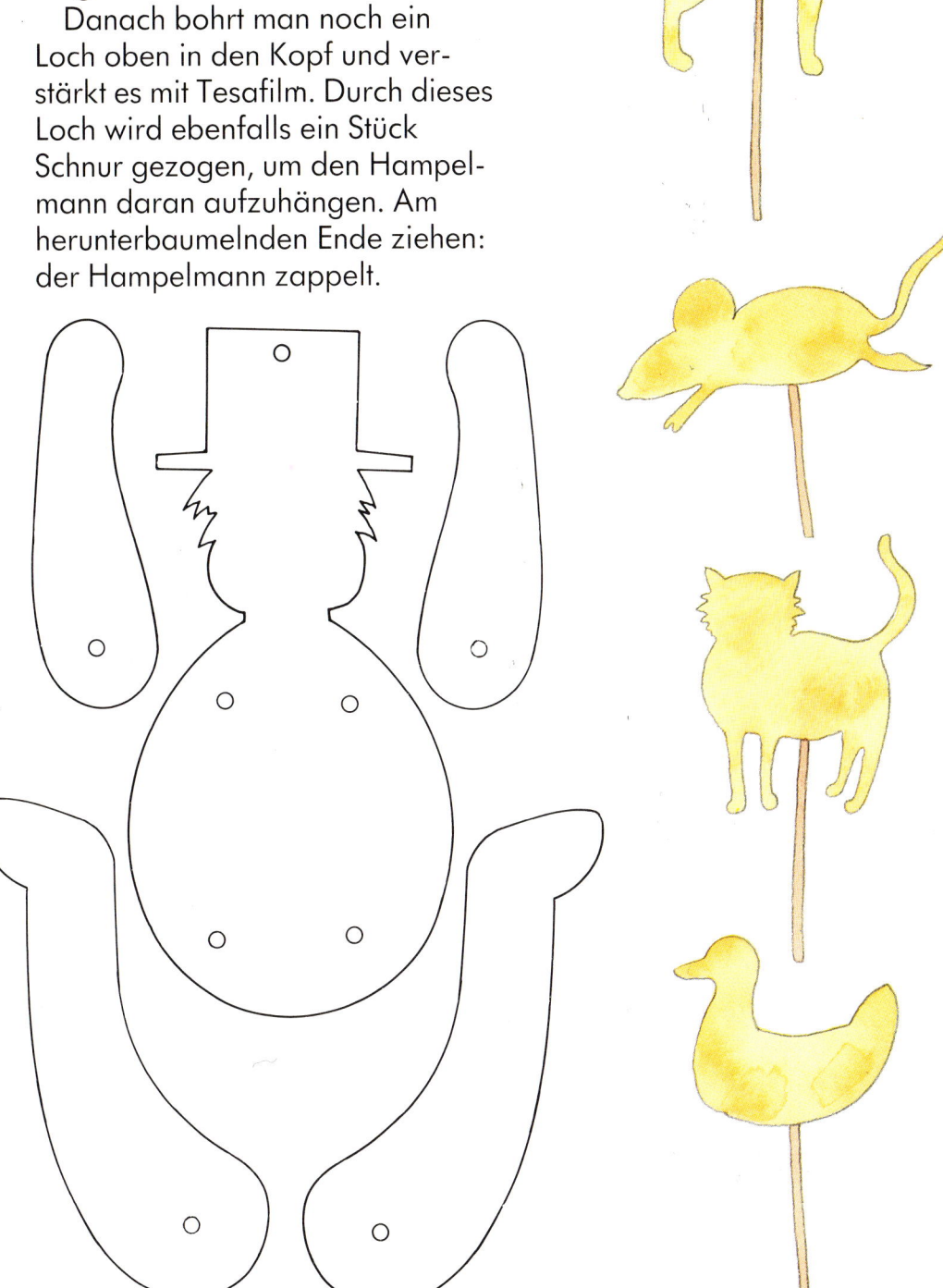

Danach bohrt man noch ein Loch oben in den Kopf und verstärkt es mit Tesafilm. Durch dieses Loch wird ebenfalls ein Stück Schnur gezogen, um den Hampelmann daran aufzuhängen. Am herunterbaumelnden Ende ziehen: der Hampelmann zappelt.

Schattenfiguren

Beliebige Tierfiguren aus fester Pappe ausschneiden und an jeder Figur ein Stäbchen befestigen. Für ganze Tiergruppen (z.B. drei Mäuse) die Figuren auf einen festen Kartonstreifen kleben und das Stäbchen daran befestigen.

Einen lichtdurchlässigen Wandschirm basteln. Dazu kann man ein Bettuch oder einen großen Bogen Pergamentpapier an einen Türrahmen pinnen oder auch an einen Tisch; wichtig ist nur, daß der Schirm möglichst glatt und strafgespannt ist. Der Schirm wird nun von hinten mit einer Lampe angestrahlt. Vorher hat man die Vorhänge zugezogen, damit der Rest des Zimmers im Dunkeln liegt. Der Puppenspieler stellt sich auf die Lampenseite und hält die Figuren gegen den Schirm. Das Publikum sitzt auf der anderen Seite des Schirms, so daß es die Schattenrisse der Puppen durch den Schirm hindurch sieht.

Masken basteln

Achtung!
AUF KEINEN FALL Plastikbeutel verwenden, nur Papiertüten oder Pappkartons. Plastiktüten bedeuten Erstickungsgefahr.

Sich maskieren macht auch außerhalb der Faschingssaison allen Kindern Spaß! Wichtig: Masken müssen große Gucklöcher haben. Auch Nasenlöcher können nicht schaden!

1 Die Rückseite und die Öffnung einer Cornflakes-Schachtel abschneiden, in die beiden Seitenteile je ein Loch bohren. Einen Gummi durchziehen, damit man die Maske aufsetzen kann. Anmalen oder mit Stoffresten und Buntpapier verzieren. Gucklöcher ausschneiden und, wenn man will, eine Seitenlasche als Nase zurechtbiegen und aufkleben.

2 Eine Papiertüte anmalen, Löcher für die Augen ausschneiden, die Ecken zu Ohren zusammenbinden. Falls die Tüte zu lang ist, seitlich einschneiden, damit sie über die Schultern paßt.

3 Einen Pappteller als Gesichtsmaske herrichten: Anmalen, dann mit einem Gummiband oder einem Holzstäbchen versehen. Die Maske jetzt aufsetzen oder vor das Gesicht halten.

4 Machen Sie eine Papiermaché-Maske, wie auf Seite 31 beschrieben.

5 Messen Sie zunächst den Kopfumfang Ihres Kindes. Orientieren Sie sich an der untenstehenden Zeichnung und schneiden Sie die entsprechende Form aus steifer Pappe aus. Augenöffnungen zuerst leicht vorzeichnen, dann ausschneiden. Laschen a, b und c wie abgebildet zurechtbiegen, dem Kopf Ihres Kindes anpassen, Laschen festkleben. Einen Papierkegel als Nase aufkleben, nach Belieben auch Ohren, ein Hütchen oder Haare aus Woll- oder Schnurresten.

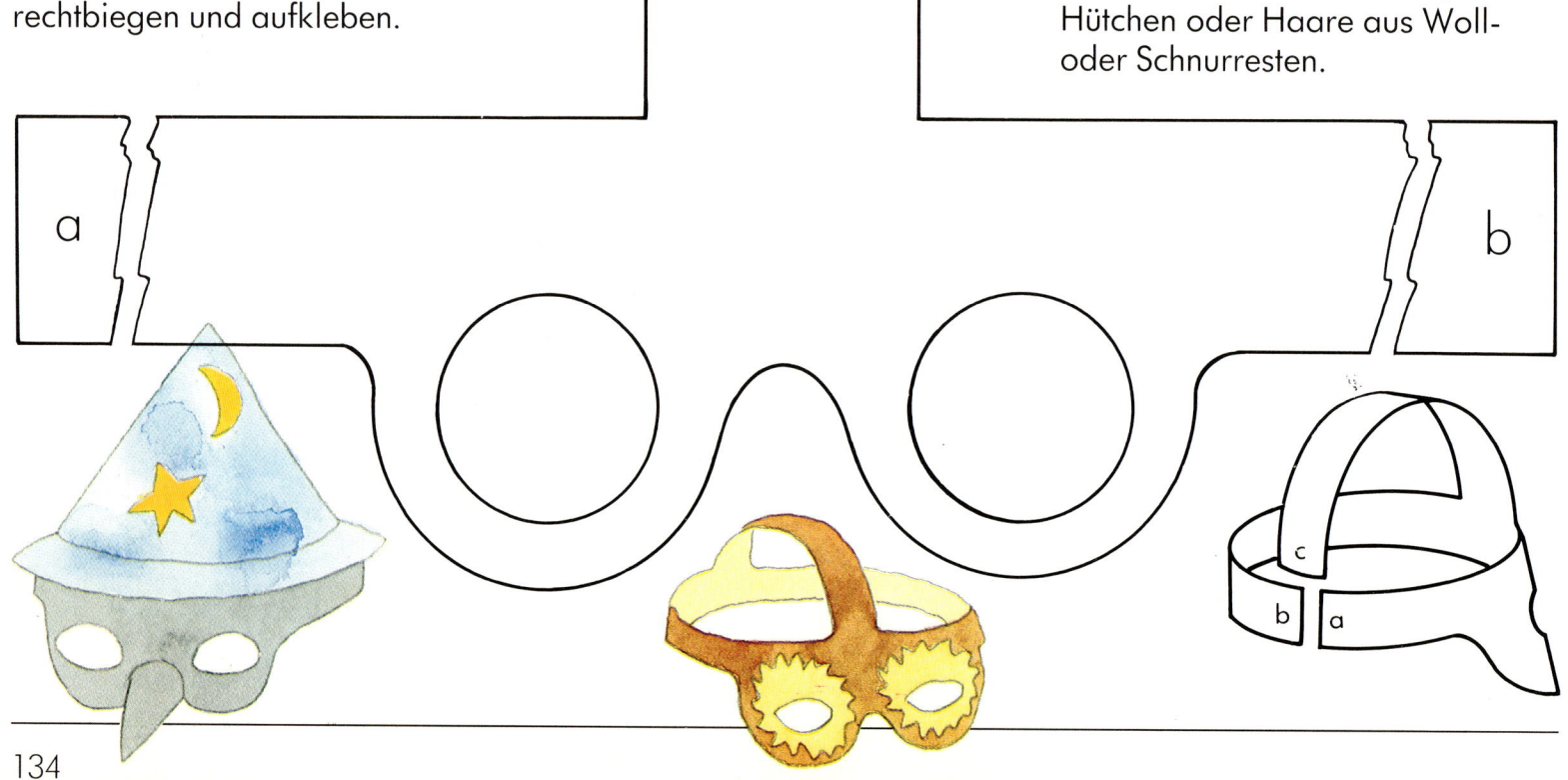

Sich verkleiden

Sammeln Sie zuerst alle möglichen Kleidungsstücke und Stoffreste. Besonders praktisch ist alles, was vielfältig verwendbar ist, z.B. Rökke, Schuhe, Schals, Hemden, Hüte, Krawatten. Gut geeignet sind auch besonders »charakteristische« Gegenstände, wie z.B Augenklappen, Uniformen, Brillen (nur das Gestell verwenden!), Werkzeugkisten usw.

Verkleide-Spiel

1 Wer bin ich? Kleidungsstükke überall im Raum verteilen. Ein Spieler stellt sich mitten im Zimmer auf, während ein anderer Anweisungen gibt, z.B. »Lauf geradeaus«, »Geh zur Tür«, »Mach zwei Schritte«, »Halt«. Bei »Halt« muß der Spieler, der die Anweisungen bekommt, das nächstgelegene Kleidungsstück aufheben und anziehen. Wiederholen, bis alle Spieler vier Kleidungsstücke anhaben. Dann betrachten sich alle im Spiegel und »erklären« einander, wie sie aussehen. Wie könnte man jemanden nennen, der solche Sachen trägt?

2 Kofferspiel: Alte Kleider und Requisiten auf den Boden legen und eine leere Pappschachtel danebenstellen. Ein Spieler hebt einen Gegenstand, z.B. eine rote Mütze, auf und legt ihn mit den Worten »Ich fahre in Urlaub und nehme ... meine rote Mütze mit« in die Schachtel. Der nächste Spieler legt ebenfalls etwas in die Schachtel, z.B. ein blaues Hemd und sagt »... und nehme meine rote Mütze und mein blaues Hemd mit«.

Immer mehr Sachen in die Schachtel legen und weiterspielen, bis einer der Mitspieler etwas vergißt.

3 Jeder denkt an eine Gestalt, die alle gut kennen, z.B. aus einer Fernsehserie. Dann suchen alle in der Kleiderkiste nach Sachen, die zu ihrer Gestalt passen. Einer nach dem anderen verkleidet sich und stolziert vor den anderen herum und zwar so, wie sich die Gestalt, die er sich ausgedacht hat, auch bewegen würde.

Wer mag, kann erzählen, was die Gestalt, die er darstellt, gerade macht.

Die anderen müssen die Gestalt erraten.

4 Modegeschäft: Kleidungsstücke in verschiedene »Abteilungen« sortieren - Mäntel, Hüte, Schuhe usw. Dann kauft und verkauft man die Sachen. Der »Kunde« ist wählerisch. Er sagt z.B.: »Zu klein«, »größer, bitte« usw.

Rollenspiele

Viele Kinderlieder und -reime lassen sich ausgezeichnet nachspielen. Besonders solche, die schon »dialogisch« aufgebaut sind. Hier sind ein paar Anregungen für den Anfang:

Wie das Fähnchen auf dem Turme

Wie das Fähnchen auf dem Turme
sich kann drehn bei Wind und Sturme,
so soll sich mein Händchen drehn,
daß es eine Lust ist anzusehn.

Friedrich Fröbel

Der rote Stock

Der Elefant, der Elefant
stampft aufgeregt
durchs ganze Land.
Hier seht ihr ihn
den Rüssel hissen,
denn das will er ganz
dringlich wissen:
Wo war der rote Stock bloß her?
Und: was wär,
wenn er diesen jetzt verlör?
Na ja,
wir spenden ihm ein Licht,
auch wir, wir wissen's leider nicht.

Till Hasreiter

In unserem Häuschen
sind schrecklich viel Mäuschen.
Sie pfeifen und rappeln,
sie trippeln und trappeln
in Kisten und Schränken,
auf Tischen und Bänken.
Sie stehlen und naschen,
und willst du sie haschen:
Husch! sind sie fort.

Mein Häuschen ist nicht ganz grade —
das ist ja schade!
Mein Häuschen ist ein bißchen krumm —
das ist aber dumm!
Bläst der böse Wind hinein, (hui!)
fällt das ganze Häuschen ein.

Schaut, was sitzt denn dort
im Gras?
Stille, still! der Has' der Has'!

Guckt mit seinem langen Ohr
Aus dem grünen Nest hervor.

nach Friedrich W. Güll

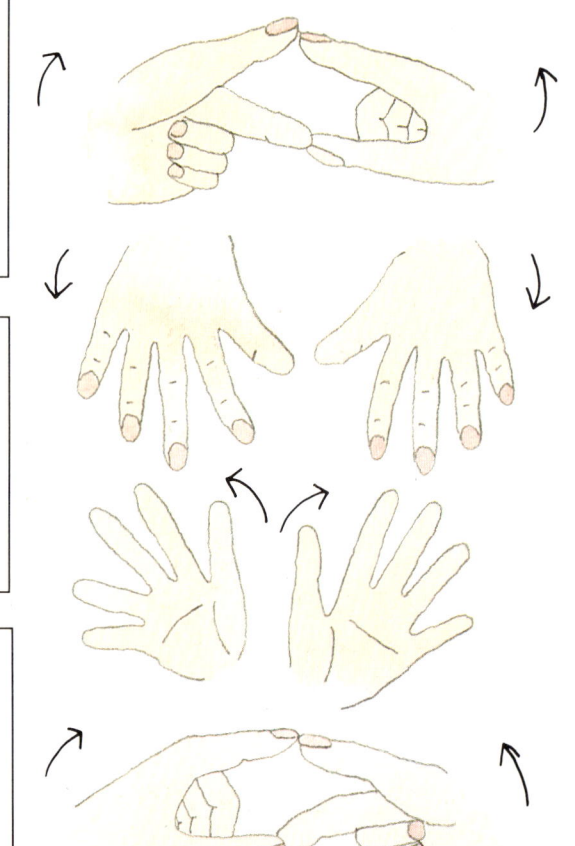

Kletterbüblein/-mädchen

Steigt ein Büblein (Mädchen) auf den Baum,
hoch, so hoch, man sieht es kaum,
hüpft von Ast zu Ästchen,
guckt ins Vogelnestchen.
Ui, da kracht es! Hei, da lacht es!
Plumps, da liegt es unten!

Friedrich W. Güll

Schau, die kleine Krabbelspinne
krabbelt auf der Regenrinne,

kommt der Regen munter,
wäscht sie einfach runter,

kommt die liebe Sonne raus,
trocknet allen Regen auf.

Schau, die kleine Spinne
krabbelt auf die Rinne.

Till Hasreiter

Grüß Gott, grüß Gott,
was wollen Sie?
Zucker und Kaffee.
Da haben Sie's, da haben Sie's.
Adje, adje, adje.
So warten S' doch,
so warten S' doch,
Sie kriegen noch was raus!
Behalten Sie's, behalten Sie's,
wir müssen jetzt nach Haus.

Meine Mutter schickt mich her,
ob der Kaffee fertig wär.
Wenn er noch nicht fertig wär,
sollt er bleiben, wo er wär.

Schattenwerfen

Entweder ein altes Bettuch als »Leinwand« benutzen oder einfach ein Stück freie Wand nehmen. Eine Lampe davor aufstellen und die Hände bzw. den ganzen Körper so vor das Licht halten, daß auf der Wand ein Schatten entsteht. Ausprobieren, wieviele Schattengestalten man zustande bringt. Mit den Händen z. B. kann man einen Vogel oder einen Hasenkopf mit langen Ohren machen, mit dem ganzen Körper einen Gorilla, ein Ungeheuer usw.

Telefonieren

Aus zwei Joghurtbechern, die Sie an ein Stück Schnur binden, ein Telefon basteln: Je ein Loch in den Becherboden bohren, Schnur durchziehen, festknoten. Becher auseinanderziehen, so daß die Schnur straff gespannt ist. Wenn ein Spieler jetzt in sein »Telefon« spricht, versteht ihn sein Partner am anderen Ende der Leitung.

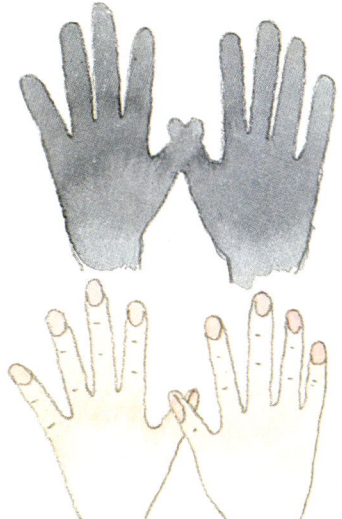

Hallo, hallo, hörst du mich?
Ich bin doch ganz nah!
So, jetzt bin ich weiter fort,
hallo, hallo, bist du dort?
Gib mal acht, ich sag dir was:
grün ist das Gras, verstehst du das?
Nein?
Na das ist vielleicht ein Mist!
Dann laß ich's sein
und hänge ein.
Schöne Grüß,
Tschüß!

Till Hasreiter

Mir ist heut' so nach…
Alle Spieler stellen der Reihe nach eine Stimmung oder ein Gefühl dar, z.B. Ärger, Aufregung, Angst, Freude. Dazu benützen sie verschiedene Kostüme und Requisiten. Man kann ein Ratespiel daraus machen!

Wackelpudding-Spiel
Zunächst sammeln oder zeichnen Sie Bilder von Dingen, die sich auf ganz unterschiedliche Weise bewegen, z. B. von einem Auto, einer Tür, einem Ruderboot, Wäsche auf der Wäscheleine, einem Wackelpudding, einer Meereswelle etc. Die Bilder werden auf Karten geklebt und umgekehrt in einem Stapel auf den Tisch gelegt. Jeder Spieler hebt eine Karte ab und spielt die Bewegung nach, eventuell mit Geräuschen, die der Gegenstand auf seiner Karte machen würde. Die anderen müssen erraten, um welchen Gegenstand es sich handelt. Das Spiel läßt sich auch mit Tierkarten spielen. In diesem Fall geben die Spieler Tierlaute von sich.

So tun, als ob
Etwas vor kurzem Erlebtes läßt sich gut nachspielen. Zum Beispiel ein Einkaufsbummel, eine Bus- oder Zugfahrt, ein Zoobesuch, eine Arztvisite. Man kann auch spielen, was man sich »nur« vorstellt: Astronaut, Höhlenforscher, Pirat.

Sie können ein paar Hinweise geben oder Kostümvorschläge machen. Doch besser wäre, wenn die Kinder ihre eigenen Ideen entwickelten. Schon möglich, daß sie einen umgekehrten Papierkorb als Weltraumfahrerhelm nicht so toll finden, selbst wenn Sie das tun!

Der Puddingvers
Wackelpeter, Hexenschleim,
brauchst nicht groß zu zagen.
Kommst doch in mein Bäuchlein rein,
werd' dich nicht lang fragen!

Aa Bb Cc Dd Ee

7

Wortspielgeschichten

Wort-Spiele

Einkaufszettel

Ein Spieler fängt an und sagt: »Ich gehe einkaufen und besorge...« und nennt einen Gegenstand. Der nächste Spieler wiederholt, was der erste gesagt hat und fügt einen weiteren Gegenstand hinzu. Das Spiel geht weiter, bis einer der Teilnehmer vergißt, was bisher schon alles eingekauft werden sollte.

Für jüngere Kinder kann man »Einkaufszettel« vereinfachen: Mit Spielsachen aus dem Kaufmannsladen der älteren Geschwister als Gedächtnisstütze.

Wenn »Einkaufszettel« langweilig wird, wählt man andere Themen, z.B. »Im Zoo gibt es Elefanten zu sehen, ...«

Alle diese Spiele erweitern den Wortschatz und trainieren das Gedächtnis.

Fühl-Spiele

Spielzeug oder andere kleine Gegenstände in Papiertüten verstecken. Alle langen nacheinander mit einer Hand in die Tüten und versuchen zu erraten, was drinsteckt - natürlich ohne hineinzuschauen. Jeder beschreibt, was er gerade ertastet: »Es ist hart ... kalt ..: rauh ... glatt...«

Vergleiche

Welche Wörter könnten die folgenden Sätze ergänzen?

So laut wie ...
So hart wie ...
So klein wie ...
Der Gepard kann schneller laufen als ...
Der Adler kann höher fliegen als ...

Rätselraten

Alle denken sich Rätsel aus, die die anderen erraten sollen, z.B.:

1. Sag mir rasch:
   Es ist kein Vieh,
   es hat Zähne, die
   beißen nie?
   (Der Kamm)

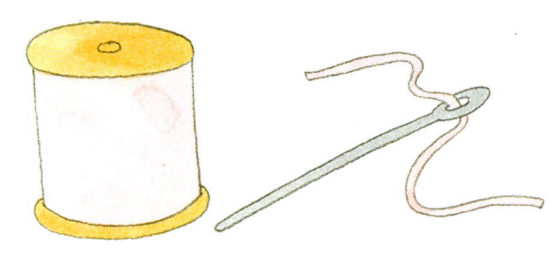

2. Rate mal:
Es geht aus
und kommt nimmermehr
nach Haus?
(Das Haar)

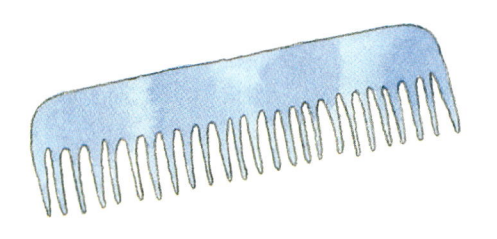

3. Ich hab ein Loch,
ich mach ein Loch
und schlupf auch selber noch
durch eben dieses Loch?
(Die Nähnadel)

Zungenwetzer

Wortspiele ohne Zungenbrecher wären wie Suppe ohne Salz. Man kann sie leicht selbst erfinden. Hier ein paar altvertraute Beispiele zur Anregung:

1. Fischers Fritz fischt frische Fische,
frische Fische fischt Fischers Fritz.
2. In Ulm, um Ulm
und um Ulm herum.
3. Im dichten Fichtendickicht wachsen dicke Fichten tüchtig.
4. Hansen Hansens Hans hackt Holz.
Hätte Hansens Hannchen Hansen Hansens Hans Holz hacken hören,
hätte Hansens Hannchen Hansen Hansens Hans Holz hacken helfen.
5. Dreiunddreißig richtig rote Reiter
reiten um den Ararat herum.

Reimsalat

Bekannte Kinderverse lassen sich spielerisch verfremden. Ein Mitspieler fängt mit einem Vers an, den alle kennen; er fügt ein falsches Wort ein. Wer es zuerst merkt, darf weitermachen. Zum Beispiel:

Hänschen klein
ging zu zwein (allein)
in die weite Welt hinein,
Stock und Mut (Hut) …

Alle meine Raben (Entchen)
schwimmen in dem See,
Köpfchen in das Wasser,
Schwänzchen in den See
(in die Höh) …

Hoppe, hoppe Reiter,
fällt er, ist er heiter,
fällt er auf das Sofa,
plumpst er auch vom Mofa,
fällt er in den Sumpf,
macht es dumpf
dagumpf! dagumpf! …

Worte illustrieren

Erst malen Sie einige Worte auf ein großes Blatt Papier. Fügen Sie kleine Illustrationen hinzu. Die Mitspieler erraten jetzt die Bedeutung der Worte.

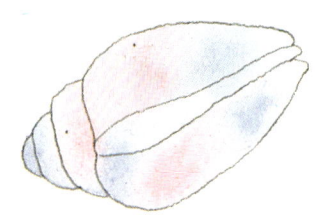

Frage- und Antwortspiele

Jemand stellt eine Frage; der nächste muß mit einem Satz antworten, der sich auf die Frage reimt. Es können ruhig Quatsch-Reime sein, zum Beispiel:
Wie heißt du?
Warum beißt du.
Wo wohnst du?
In Honolulu.
Wie ist deine Telefonnummer?
Mach mir keinen Kummer.
In welcher Stadt?
Im Hallenbad.

Reimworte ergänzen

Ein Mitspieler rezitiert ein längeres, bekanntes Gedicht, läßt aber bei jeder zweiten Zeile das Reimwort fort; die anderen müssen es finden und dazwischenrufen.
Zum Beispiel:
Mich dünkt, wir geben einen Ball,
sprach die Nachtigall.
So? sprach der (Floh).
Was werden wir speisen?
fragten die (Meisen).
Nudeln! sprachen die (Pudel).
Was werden wir trinken?
sprachen die (Finken).
Bier! sprach der (Stier).
Nein, Wein! sprach das (Schwein).
Ach Tee, bat das (Reh).

Klangworte

Wie wär's damit: Worte erfinden, die zu Geräuschen und Lauten passen, die jeder gut kennt? Wie klingt ein heulender Staubsauger oder jemand, der mit Gummistiefeln im Regen rennt oder mit Holzschuhen klappert?

Milch

Miau, miau,
wo ist die Frau?
Schnurre-di-schnurr,
ach du bist's nur.
Schlecke-di-leck,
ist die Milch schon weg?
Nein? Fein.
Schlabber-di-schmatz
macht da die Katz.

Till Hasreiter

Es regnet, es regnet

Der Kuckuck wird naß
wir sitzen im Trocknen
was schadet uns das?
Kuckuck! Kuckuck!

Regen

Regen, Regen, Tröpfchen,
mir regnet's auf mein Schöpfchen.
Es regnet aus dem Wolkenfaß,
alle Mädchen werden naß,
alle Blümchen sagen Dank
über diesen Himmelstrank.

Spiel-Verse

Jetzt geht's darum, die folgenden Gedichte, Verse oder Klangwörter gleichzeitig zu spielen und zu »rezitieren«. Beispielsweise den ersten Vers: Eine Lokomotive steht schnaufend im Bahnhof, ruckt ächzend an, kommt langsam in Fahrt …

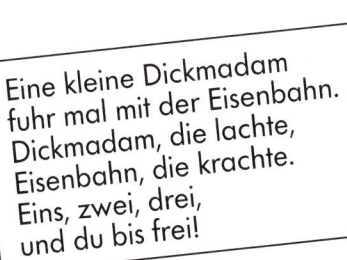

Eine kleine Dickmadam
fuhr mal mit der Eisenbahn.
Dickmadam, die lachte,
Eisenbahn, die krachte.
Eins, zwei, drei,
und du bis frei!

Eletelefon

Es war einmal ein Elefant,
Der griff zu einem Telefant –
O halt, nein, nein! Ein Elefon,
Der griff zu einem Telefon –
(Verflixt! Ich bin mir nicht ganz klar,
Ob's diesmal so ganz richtig war.)

Wie immer auch, mit seinem Rüssel
Verfing er sich im Telefüssel;
Indes er sucht sich zu befrein,
Schrillt lauter noch das Telefein –
(Ich mach jetzt Schluß mit diesem Song
Von Elefuß und Telefong!)

Laura Richards,
übersetzt von Hans Baumann

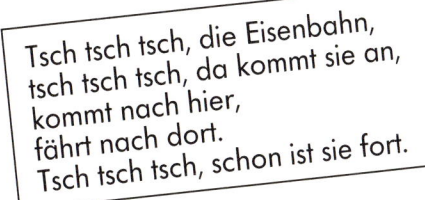

Tsch tsch tsch, die Eisenbahn,
tsch tsch tsch, da kommt sie an,
kommt nach hier,
fährt nach dort.
Tsch tsch tsch, schon ist sie fort.

Die Dampflokomotive

Heiß!
Heiß!
Heiß!
Helft mir!
Helft mir!
Danke, geht schon besser!
Danke, geht schon besser!
Danke, geht schon besser!

Auf der Eisenbahn
steht ein schwarzer Mann,
schürt das Feuer an,
daß man fahren kann.
Kinderlein, Kinderlein
hängt euch an,
wir fahren mit der
Eisenbahn.

Alben

Etwas stärkeres Papier oder Tonpapier verwenden. Ca. 25 × 40 cm große Bögen in der Mitte falten, entlang des Falz zusammenklammern oder -nähen. Wenn es das erste Album für Ihr Kind ist, sollten Sie sich auf 4 - 6 Seiten beschränken. Den Namen des Kindes groß und deutlich auf das Deckblatt schreiben, damit es auf »sein« Album stolz sein kann. (Die beste Art und Weise, kleine Kinder mit Buchstaben vertraut zu machen, sehen Sie auf der gegenüberliegenden Seite).

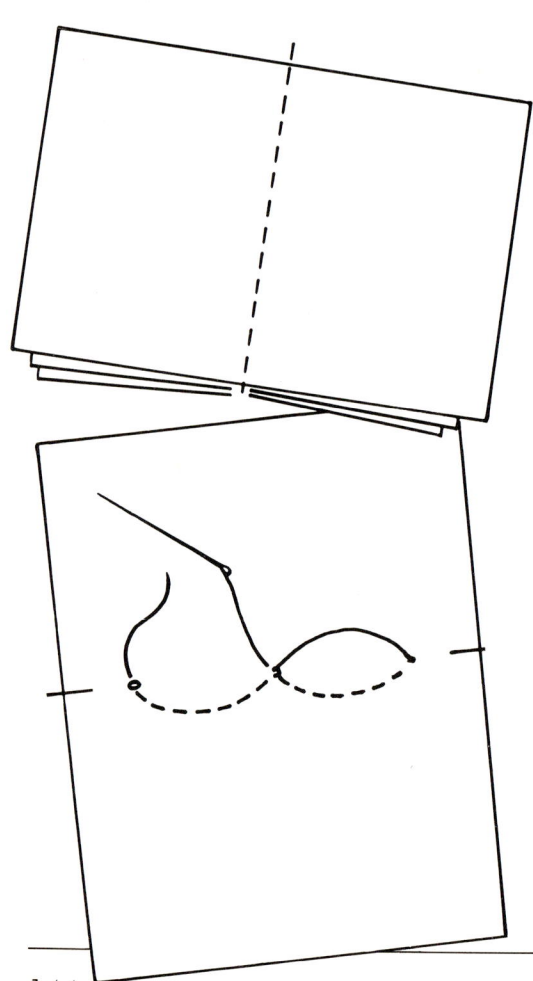

Themenvorschläge

1 Bilder, vor allem aus Zeitschriften, nach Sachgruppen einordnen. Auf der ersten Seite Sachen zum Essen, auf der zweiten welche zum Anziehen, auf der dritten Blumenbilder usw.

2 Kinder, die gerade gelernt haben Farben zu unterscheiden, haben sicher Spaß an einem »Farbalbum«: Auf jede Seite einen Farbklecks malen und daneben schreiben, wie die Farbe heißt. Auf die »rote Seite« kommen Bilder, am besten selbstgemalte, auf denen die Farbe Rot vorherrscht, auf die »grüne Seite« überwiegend grüne Bilder etc.

3 Ich. Fotos und Selbstporträts Ihres Kindes und anderer Familienmitglieder ins Album kleben. Dazu Bilder der eigenen Wohnung, der eigenen Spielsachen, der Haustiere.

Buchstaben schreiben

Wenn Sie Ihren Kindern etwas aufschreiben, achten Sie besonders auf die Deutlichkeit der Buchstaben. Am Anfang nur Großbuchstaben benutzen, Kleinbuchstaben später einführen.

Am leserlichsten sind Buchstaben, die etwa so aussehen wie nebenstehend abgebildet. Die Pfeile geben an, wie die jeweiligen Buchstaben »aufgebaut« werden - das ist deshalb wichtig, weil die Kinder später in der Schule auf diese Art schreiben lernen. Mehr zum Thema »Schreiben und Lesen« finden Sie in Kapitel 8.

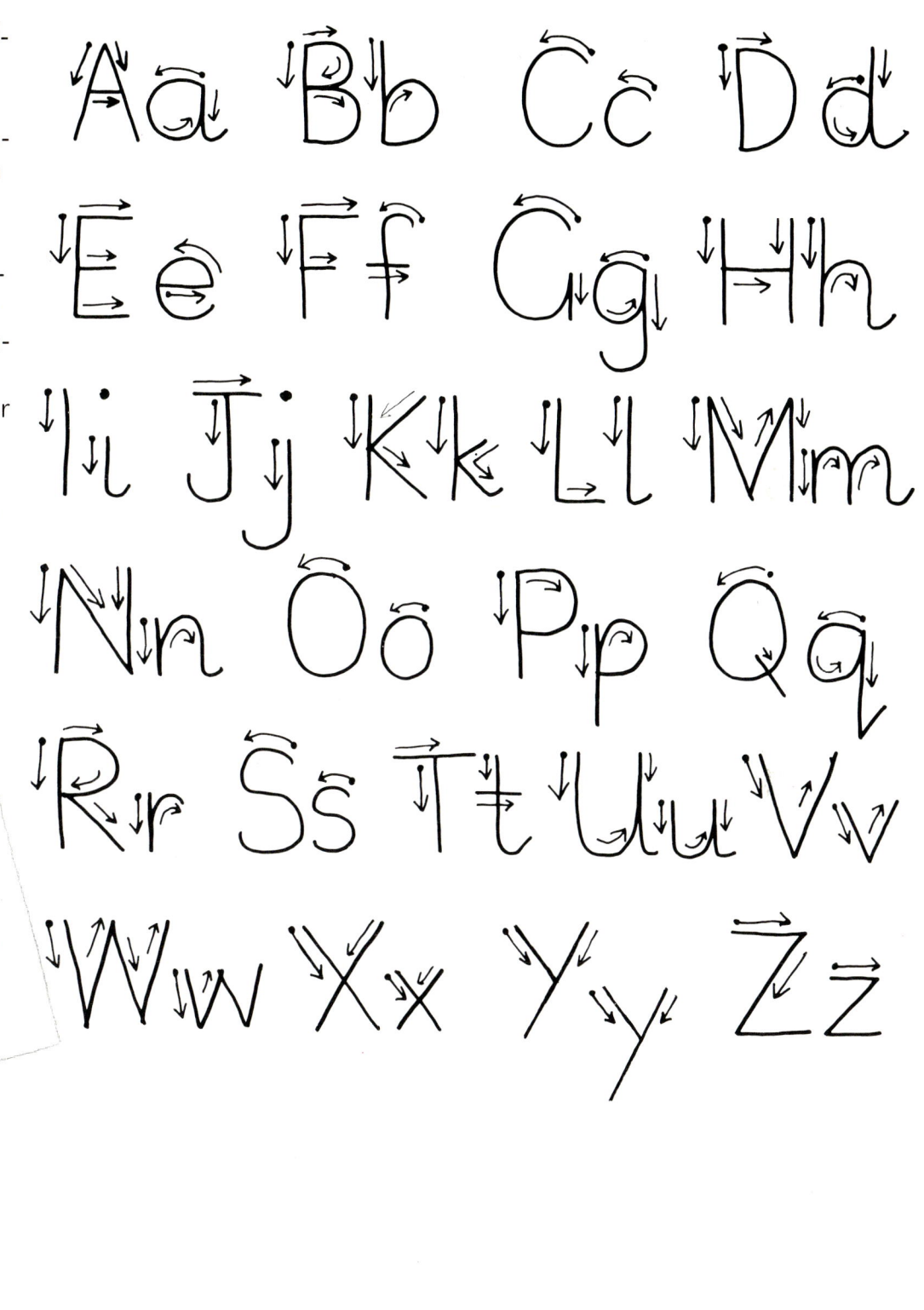

Bilderstreifen

Mit Hilfe von Bilderstreifen lassen sich herrlich Geschichten erzählen. Sie nehmen die unbedruckte Rückseite eines Tapetenrests und entwickeln Ihre Geschichte als fortlaufendes Bilderband aus gesammelten Zeitungsfotos, Selbstgemaltem, eigenen Fotos, Postkarten etc.

Darauf achten, daß die Bilder groß und bunt sind und versuchen, sich auf wenige Einzelheiten zu beschränken. Wem zuerst nichts einfällt, versucht sich vielleicht an Ereignisse zu erinnern, die noch nicht allzu lange zurückliegen, z.B. an Weihnachten, einen Zirkusbesuch, ein Geburtstagsfest, einen Waldspaziergang im Dunkeln.

Ganz kleinen Kindern macht es Spaß, Figuren, die die Eltern vorgezeichnet haben, so anzumalen, daß sie wie Geschwister oder Spielkameraden aussehen.

Bilderstreifen können natürlich auch bekannte Lieder oder Reime zum Inhalt haben.

Auf den folgenden Seiten sind alle möglichen Tiere abgebildet, die sich gut nachzeichnen lassen. Wie man sieht, ist es möglich, sich auf ganz einfache Umrisse zu beschränken - die Tiere lassen sich trotzdem leicht erkennen.

Tiergeschichten

1. Welche Tiere kennt Ihr Kind? Lassen Sie es erzählen, was es darüber weiß.
2. Wenn Ihr Kind das eine oder andere Tier noch nicht kennt, erzählen Sie ihm, was Sie darüber wissen. Gut ist, wenn Sie weitere Bilder besorgen können, z.B. Fotos, Abbildungen in Illustrierten, Tierbücher, Kalender usw.
3. Jetzt können Sie sich zusammen Geschichten ausdenken, in denen Tiere vorkommen - einzeln, zu zweit, zu mehreren. Ruhig der Fantasie freien Lauf lassen - vielleicht tanzt das Nilpferd mit dem Känguruh, der Hund wird von der Biene gestochen usw.

Im Zoo, da lebt ein Krokodil,
das frißt am liebsten Besenstiel'.
Im Zoo, da lebt ein wildes Schwein,
das frißt am liebsten Feuerstein.
Im Zoo, da lebt ein Elefant,
der frißt am liebsten aus der Hand.
Im Zoo, da lebt 'ne Geiß,
die frißt am liebsten Mais.
Im Zoo, da lebt ein Papagei,
der frißt am liebsten Spiegelei.

Im Zoo ist ein Aff',
der ist ganz baff.
Im Zoo ist ein Leu,
der schläft im Heu.
Im Zoo ist 'ne Ziege,
die schläft in der Wiege.
Im Zoo ist ein Stier,
der zählt bis vier.
Im Zoo ist eine Kuh,
die macht um sechs die Augen zu.

zitiert nach: Stöcklin-Meier, »Sprechen und Spielen«, Otto Maier Verlag

4. Wem eine besonders tolle Geschichte einfällt, kann sie natürlich auch vorspielen.

Bildergeschichten

Geben Sie Ihrem Kind leere Pappschachteln, Schuhkartons oder Pralinenschachteln; lassen Sie es sämtliche Ansichtskarten und Zeitschriftenausschnitte, die sich mit der Zeit angesammelt haben, nach Sachgruppen, wie z.B. Landschaften, Personen usw., sortieren. Jedes Thema kommt in eine Extra-Schachtel.

Auf den Deckel jeder Schachtel ein typisches Bild kleben, damit man weiß, was drin ist.

1 Fragen Sie Ihr Kind, wenn es ein Bild oder eine Ansichtskarte betrachtet: »Wer sind diese Leute?« »Was machen sie gerade?« Sprechen Sie über Kleidung, Wetter, Jahreszeiten usw., um Ihr Kind anzuregen, genau hinzusehen. Wenn Sie auf wenig Interesse stoßen, versuchen Sie es mit einem anderen Bild.

2 Ein Gesicht auf den Handrücken malen. Zeige- und Mittelfinger dienen als »Beine«. Oder die auf Seite 129 abgebildete Puppe verwenden. Sechs verschiedene Postkarten auf den Tisch legen. Mit den »Finger-Füßen« von einer Karte zur anderen wandern und beschreiben, wo man ist und was man sieht.

3 Einige Bildkarten mischen, umgekehrt auf den Tisch legen. Jeweils eine Karte aufdecken und eine Geschichte erfinden: Zu jedem Bild wenige einfache Sätze.

Spielgeschichten

Für's freie Erzählen.

1 Am Anfang etwas Einfaches wählen, Themen wie
Ein Spaziergang im Park
Ein Einkaufsbummel
Ein Tag am Strand

2 Oder: Sie schauen einfach aus dem Fenster und erzählen, welche Leute Sie gerade vorbeikommen sehen: Briefträger, Politesse, Fensterputzer, den alten Nachbarn. Was machen diese Leute? Zu wem wollen sie? Ist der zu Hause, bei dem sie läuten? Gehen sie einfach weg oder hinterlassen sie eine Nachricht?

Wenn Sie etwas nicht genau sehen oder wissen, denken Sie sich etwas aus!

Kinder mögen Geschichten mit Wiederholungen, weil sie dann erraten können, was passiert... Der große Hund vom Haus gegenüber bellt. Mögliche Besucher fürchten sich. Die Bewohner bekommen weder Briefe noch Zeitungen; ihre Fenster bleiben schmutzig...

3 Eine Zugfahrt: Eisenbahnschienen auf eine Tafel oder einen Bogen Papier malen. Dann mit einem Spielzeug die Schienen entlangfahren und beschreiben, was die Passagiere sehen - dazupassende Bilder aufkleben oder Strichmännchen einzeichnen.

Ein Stadtbummel, ein Besuch im Zoo, ein Spaziergang im Park lassen sich ebenfalls beschreiben.

4 Sie malen den Lageplan eines Einkaufszentrums mit verschiedenen Läden auf. Jetzt lassen Sie eine Puppe von Geschäft zu Geschäft schlendern, z.B. auf der Suche nach einem Geburtstagsgeschenk für die Mutter. Was sagt die Puppe zu den Verkäuferinnen? Findet sie schließlich das passende Geschenk? Läßt sie es hübsch verpacken?

5 »Wo bin ich zu Hause?«:
Malen Sie einen Bauernhof und einen Teich auf einen großen Bogen Papier oder an eine Tafel. Während Sie die Abenteuer der kleinen Ente erzählen, malen Sie dazu, was die Ente gerade erlebt.

Die Geschichte:
Eine kleine Ente verläßt ihr Nest und macht einen Spaziergang.

Nach einiger Zeit wird sie hungrig und müde. Mit Schrecken bemerkt sie, daß sie vergessen hat, wo sie zu Hause ist. Sie sieht ein Erdloch, schaut hinein und fragt: »Bin ich hier zu Hause?«

»Nein!« Ein Fuchs springt heraus und sagt: »Hier wohne ich!« und scheucht die kleine Ente weg.

Lassen Sie die Ente in ein Vogelnest auf einem Baum schauen, in ein Mäusenest im Maisfeld, in ein Hühnernest im Stall. Zum Schluß fragt sie den Jungen auf dem Bauernhof, ob sie dort zu Hause ist. Der Junge trägt das Entchen zum Teich zurück, wo seine Mutter bereits wartet...

Sie können leicht ähnliche Geschichten erfinden.

Mit Geschichten spielen

1 Lassen Sie beim Erzählen einer Geschichte ein paar Worte aus; halten Sie statt dessen entsprechende Bilder hoch, damit Ihr Kind die fehlenden Worte erraten kann.

2 Legen Sie ein paar Haushaltsgegenstände auf den Tisch und denken Sie sich dazu eine Geschichte aus. Wenn einer der Gegenstände in der Geschichte vorkommt, hebt Ihr Kind ihn auf.

3 Filztafeln: Einen ca. 20 × 30 cm großen festen Karton mit Filz überziehen; darauf achten, daß keine Falten entstehen. Denken Sie sich mit Ihrem Kind zusammen eine Geschichte aus, in der nicht allzu viele Personen vorkommen.

Die Figuren und die für die Geschichte wichtigsten Requisiten schneiden Sie aus Pappe aus. Auf die Rückseite der Figuren kleben Sie ein Stückchen Filz, damit sie auf der Tafel besser haften.

Jetzt erzählen Sie Ihre Geschichte. Jedesmal, wenn eine neue Figur oder Requisite ins Spiel kommt, heften Sie sie auf die Filztafel.

Weitere Vorschläge:
Hans im Glück
Hänsel und Gretel
Oh, wie schön ist Panama
Wo die wilden Kerle wohnen

4 Fotos. Erzählen Sie etwas über Ihre eigene Kindheit und benutzen Sie dazu Fotos und Abbildungen. Wo haben Ihre Eltern gewohnt? Wer sind Ihre Geschwister? Haben sie inzwischen selbst Kinder? Was haben Sie als Kind an Weihnachten gemacht? »Erzähl mal, wie es früher war« ist ein herrliches Kinder-Thema!

5 Spielzeug. Eignet sich ebenfalls hervorragend, um Geschichten nachzuspielen. Für die Fabel vom »Löwen und der Maus« kann man einfach zwei Plüschtiere nehmen. Spielsachen können Sie auch verkleiden: mit Krönchen, Umhängen, Helmen, wie es gerade paßt.

8

Auf Lesen und Schreiben vorbereiten

Den Anfang machen

Am besten bereiten Sie Ihr Kind durch Ihr eigenes gutes Beispiel auf das Lesen vor. Teilen Sie Ihre Begeisterung für gute Bücher mit Ihrem Kind und lesen Sie ihm regelmäßig vor. Schauen Sie sich in der Kinderbuchabteilung Ihrer Stadtbücherei um. Zusammen können Sie auch Nachschlagewerke für Erwachsene durchblättern - Hauptsache, die Abbildungen sind bunt und spannend.

In diesem Kapitel geht es nicht um Anleitungen, wie Sie Ihrem Kind Lesen und Schreiben beibringen können. Zu diesen Themen gibt es bereits eine Menge Bücher. Wohl aber sollen ein paar Anregungen gegeben werden, wie Sie spielerisch Fähigkeiten, die Ihr Kind zum Lesen und Schreiben benötigt, entwickeln und fördern können.

Die richtige Schreibhaltung

Den meisten Kindern fällt es am Anfang ziemlich schwer, den Stift richtig zu führen. Versuchen Sie daher nie, Ihr Kind zu drängen. Lassen Sie es zunächst mit großen Buntstiften Punkte, Striche, kurze und lange Linien auf ein Blatt Papier malen.

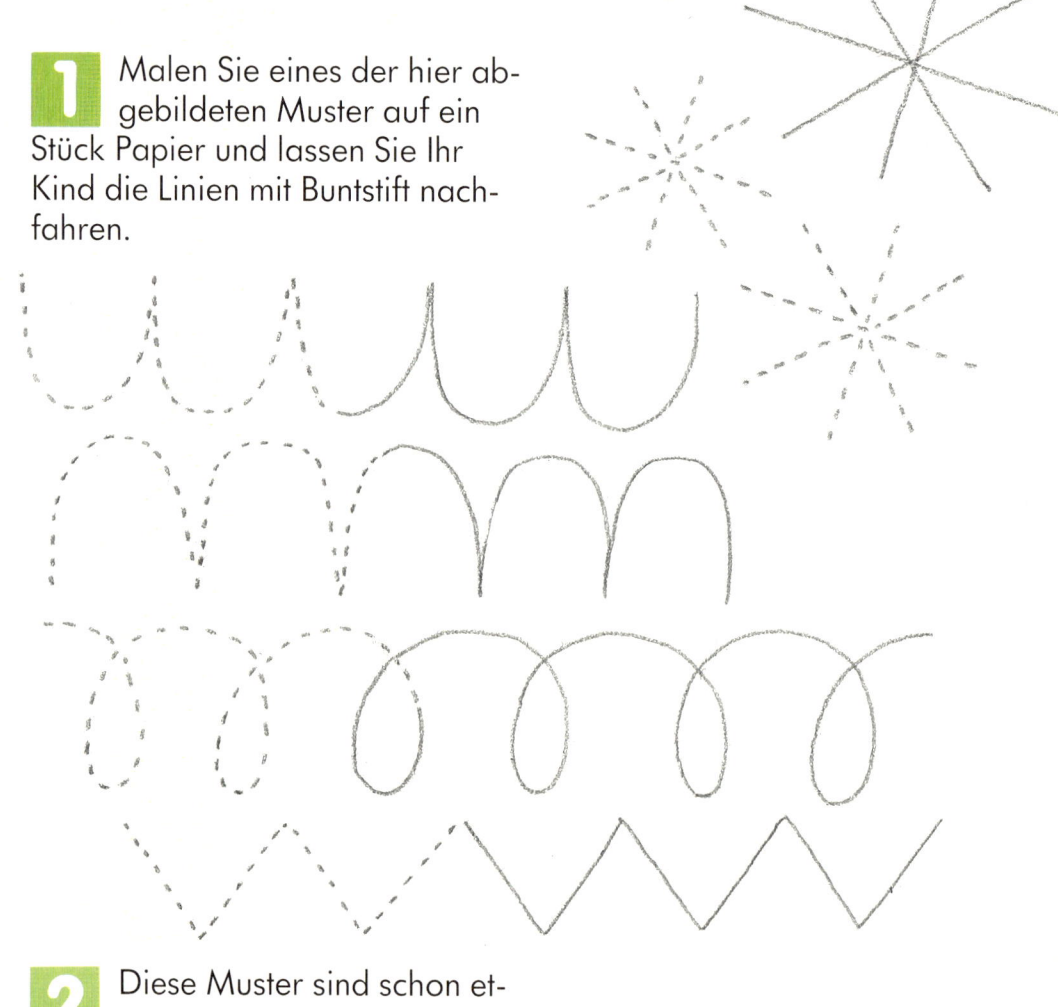

1 Malen Sie eines der hier abgebildeten Muster auf ein Stück Papier und lassen Sie Ihr Kind die Linien mit Buntstift nachfahren.

2 Diese Muster sind schon etwas komplizierter; zeigen Sie Ihrem Kind, wie es anfangen soll und lassen Sie es dann allein weitermachen.

3 Die Muster lassen sich gut miteinander kombinieren. Vielleicht hat Ihr Kind auch Lust, einige davon zu einem Bild zusammenzusetzen.

4 Malen Sie fünf Bilder an den einen Rand eines Stücks Papier. An den anderen malen Sie dann - in veränderter Reihenfolge - fünf weitere Bilder, die mit den ersten etwas zu tun haben, z.B. Hund/Knochen usw. Bitten Sie Ihr Kind, die zusammengehörigen Paare mit Bleistiftstrichen zu verbinden.

Diese Idee läßt sich variieren; ältere Kinder können Wörter mit den entsprechenden Bildern verbinden, später auch Reimpaare.

5 Malen Sie ein Labyrinth oder einen Irrgarten; lassen Sie den Weg entweder von rechts nach links oder von oben nach unten verlaufen. Oder malen Sie ein »Kuddelmuddel«, in das Ihr Kind Ordnung bringen soll, z.B. drei Telefonapparate mit verwurstelten Leitungen.

Schau genau

Legen Sie ein paar Gegenstände auf den Tisch und bitten Sie Ihr Kind, genau hinzuschauen. Es soll sich die Gegenstände einprägen. Auch deren Lage. Jetzt lassen Sie es die Augen schließen und nehmen Sie einen Gegenstand weg. Kann es erraten, was fehlt? Die Anzahl der Gegenstände allmählich steigern. So wird das Spiel schwieriger.

Von rechts nach links vorgehen
Für die folgenden Spiele verwendet man ca. 5 × 20 cm große Pappstreifen.

1 Paare-Suchen. Malen Sie einen einfachen Gegenstand auf den Karton, daneben eine farbige Trennungslinie. Dann zeichnen Sie drei oder vier weitere Gegenstände auf die Karte - einer davon ist mit dem ersten identisch.

Ermutigen Sie Ihr Kind, sich immer von links nach rechts vorzuarbeiten: Es soll herausfinden, welche Gegenstände, Gesichter oder Figuren gleich sind.

2 Zeichnen Sie anstelle von Gegenständen Strichmännchen, die verschiedene Bewegungen ausführen. Wieder sollte eines der Strichmännchen mit dem vom linken Rand identisch sein. Wenn es Lust dazu hat, kann Ihr Kind die Bewegungen der Strichmännchen nachahmen.

3 Sie können die Aufgabe schwieriger machen, wenn Sie Gesichter mit verschiedenen Ausdrücken malen, z. B. einen lachenden Clown mit offenen oder geschlossenen Augen oder einen traurigen Clown mit offenen oder geschlossenen Augen usw.

4 Was ist hier falsch? Basteln Sie einen Satz Karten, auf denen jeweils eine Reihe von Gegenständen abgebildet ist, die alle gleich sind - mit einer Ausnahme. Versuchen Sie dasselbe mit Buchstaben.

Buchstaben

1 Zum Buchstabenschreiben braucht man nicht unbedingt Papier und Bleistift - beschlagene Fensterscheiben, Sand, Zeitungspapier, dicke Pinsel usw. sind genauso brauchbar.

2 Buchstaben lassen sich auch mit der Hand nachformen - am besten nach Schattenspielart. Kann lustig sein!

3 Schneiden Sie einzelne Buchstaben aus Zeitungen oder Zeitschriften aus. Für jeden Buchstaben eine extra Karte anlegen, damit man sieht, wie verschieden er aussehen kann.

4 Schwieriger wird's, wenn Sie Karten mit je zwei bis drei Buchstaben in verschiedenen Versionen zusammenstellen. Bitten Sie Ihr Kind, sämtliche »a«, »b« usw. herauszusuchen.

Oder schneiden Sie ein paar Wörter aus, die alle einen bestimmten Buchstaben enthalten und lassen Sie Ihr Kind diesen Buchstaben einkreisen.

5 Aus schwarzem Papier Buchstaben ausschneiden, auf weißes Papier legen, die Konturen nachziehen. Welcher Buchstabe paßt zu welchem Umriß?

6 Spielen Sie »Paare-Suchen« und »Was ist hier falsch?« wie auf der vorhergehenden Seite beschrieben, aber verwenden Sie diesmal Buchstaben anstelle von Gegenständen.

Buchstabenspiele

1 Basteln Sie Buchstabenkarten, um damit Schnipp-Schnapp, Lotto oder Domino zu spielen (siehe Seite 99 - 102).

2 Sie machen ein einfaches Brettspiel: Zunächst eine Spirale aus verschiedenfarbigen Feldern. In der Mitte liegt ein Stapel Buchstabenkarten, »Gesicht« nach unten. Jeder Spieler würfelt der Reihe nach. Kommt er auf ein grünes oder rotes Feld, nimmt er eine Karte auf. Kennt und nennt er den Buchstaben der Karte richtig, behält er sie und hat noch einen Würfelwurf. Andernfalls wandert die Karte zurück in den Stapel. Wer zum Schluß die meisten Karten hat, ist Sieger.

Wörter lernen

Wortkarten

Ihr Kind kennt sicher schon einige Buchstaben. Schreiben Sie solche Wörter auf Pappkarten, in denen diese Buchstaben möglichst oft vorkommen. Am besten verwenden Sie große Druckbuchstaben, also Versalien.

1 Zeigen Sie Ihrem Kind in einem seiner Bilderbücher einige einfache Worte, z.B. »du«, »der«, »das«. Findet Ihr Kind die entsprechende Wortkarte?

2 Beschriften Sie die Stuhlrükken Ihrer Küchenstühle auf großen Pappschildern mit den Namen der Familienmitglieder.

3 Versehen Sie Gegenstände im Haus mit Klebeetiketten. Nicht nur Kurzbezeichnungen verwenden, sondern auch kleine Sätze: »Diese Tasse gehört Marion.«

4 Plakate, die man aus Zeitschriftenausschnitten gebastelt hat, lassen sich ebenfalls mit Aufschriften versehen. Sobald Kinder mit einiger Sicherheit Worte entziffern können, gibt es viele Möglichkeiten, ihnen die Bedeutung von Worten nahezubringen. Hier ein paar Vorschläge, die sich einfach realisieren lassen.

1 Malen Sie Strichmännchen, die verschiedenes tun, auf Pappkarten. Beschriften Sie die Karten mit den Namen der Tätigkeiten: sitzen, stehen, laufen usw. Bitten Sie Ihr Kind, den Namen der Tätigkeit abzulesen und die Bewegung zu »spielen«.

2 Schreiben Sie einfache Anweisungen auf Pappkarten, verteilen Sie die Karten in einer Reihe quer über das Zimmer. Ihr Kind geht dann von einer Karte zur anderen, liest die Anweisung, führt sie aus und wandert dann zur nächsten Karte weiter.

3 Verstecken Sie einen Gegenstand und geben Sie Ihrem Kind eine Karte, auf der steht, wo es ihn finden kann, z.B. »Schau unter dem Tisch nach«. Mit der Zeit können Sie die Suche erweitern, indem Sie überall im Haus Karten mit dem Hinweis verteilen, wo die nächste Karte zu finden ist - die letzte führt dann zum Ziel.

Wortspiele

Ordnen
Wörter lassen sich auf viele Arten ordnen. Wortkarten zum Beispiel kann man nach Anfangsbuchstaben der Worte in Kästen einordnen oder auch nach Suchgruppen aufteilen.

Angeln
Befestigen Sie an Ihren Wortkarten je eine Büroklammer und legen Sie sie in eine große Pappschachtel. Das eine Ende einer Schnur binden Sie an einen Stock, das andere an einen kleinen Magneten. Das ist die Angel. Nun angeln alle der Reihe nach eine Karte heraus und lesen vor, was darauf steht. Wenn ein Kind ein Wort nicht entziffern kann, lesen Sie es vor, dann kommt die Karte wieder in die Schachtel zurück.

Kartenspiele
Auch Wortkarten lassen sich entweder allein oder zusammen mit passenden Ansichtskarten zum Schnipp-Schnapp-, Lotto- und Dominospielen verwenden (genaue Spielanleitung s. Seite 99-102).

Versteckbilder
Falten Sie eine Pappkarte in der Mitte zusammen. Schreiben Sie ein Wort, das Ihr Kind bereits kennt, auf die Außenseite und kleben Sie ein entsprechendes Bild auf die Innenseite. Wenn Ihr Kind ein Wort nicht mehr weiß, braucht es die Karte nur aufzuklappen.

Gegensätze
Basteln Sie Karten, die Gegensätze darstellen, z.B. »hinauf« und »hinunter«, »innen« und »außen«, »an« und »aus«.

Eigenschaftswörter
Malen Sie Bilder, die Eigenschaftswörter darstellen. Kleben Sie die Bilder auf Karten und schreiben Sie das entsprechende Eigenschaftswort mitsamt dem zugehörigen Hauptwort darunter, z.B. »dicker Hund«.

Klappkarten
Links außen auf einen Pappstreifen schreiben Sie ein Hauptwort, dessen Mehrzahl auf »e« lautet, z.B. Hund. Das »e« schreiben Sie links außen auf die Rückseite des Streifens. Streifen umdrehen und so umknicken, daß das »e« richtig hinter das Wort »Hund« zu stehen kommt. Die entsprechenden Bilder dazu malen. Fertig. Sie haben eine Einzahl/Mehrzahl-Klappkarte.